X.media.press

Peter Bühler: Lehre als Chemigraf, Studium der Druck- und Reproduktionstechnik an der FH für Druck, Stuttgart. Gewerbelehrerstudium für Drucktechnik und Geschichte an der TH Darmstadt. Seit 1984 Lehrer für Mediengestaltung und Medientechnik an der Johannes-Gutenberg-Schule, Stuttgart, Fachberater für Druck- und Medientechnik am Regierungspräsidium Stuttgart, Lehrbeauftragter für Fachdidaktik Medientechnik am Staatlichen Seminar für Didaktik und Lehrerbildung in Stuttgart. Mitgliedschaft u.a. in den Lehrplankommissionen Mediengestalter Digital und Print sowie Industriemeister Printmedien/Medienfachwirt Print und Digital, in IHK-Prüfungsausschüssen, der Koordinierungsgruppe Druck und Medien am Ministerium für Kultus, Jugend und Sport Baden-Württemberg sowie im Zentral-Fachausschuss für Druck und Medien.

Patrick Schlaich: Studium der Elektrotechnik an der Universität Karlsruhe; Abschluss 1992 als Diplom-Ingenieur, danach Referendariat an der Gewerblichen Schule Lahr, zweites Staatsexamen 1995. Seither Tätigkeit als Lehrer in der Aus- und Weiterbildung im Bereich Informationstechnik und Digitale Medien. Mitarbeit u.a. in den Lehrplankommissionen Mediengestalter, Technisches Gymnasium (Profil Gestaltungs- und Medientechnik) und Medienfachwirt sowie im Zentral-Fachausschuss für Druck und Medien, seit 2003 Fachberater für Medien- und Informationstechnik am Regierungspräsidium Freiburg, seit 2008 Professor am Staatlichen Seminar für Didaktik und Lehrerbildung (Berufliche Schulen) in Freiburg, Lehraufträge für Informatik und Medientechnik.

Peter Bühler • Patrick Schlaich

Präsentieren in Schule, Studium und Beruf

2., überarbeitete und erweiterte Auflage

Peter Bühler
Affalterbach, Deutschland

Patrick Schlaich
Kippenheim, Deutschland

ISSN 1439-3107
ISBN 978-3-642-37941-3
DOI 10.1007/ 978-3-642-37942-0

ISBN 978-3-642-37942-0 (eBook)

Die Deutsche Nationalbibliothek verzeichnet diese Publikation in der Deutschen Nationalbibliografie; detaillierte bibliografische Daten sind im Internet über http://dnb.d-nb.de abrufbar.

Springer Vieweg
© Springer-Verlag Berlin Heidelberg 2007, 2013

Gedruckt auf säurefreiem und chlorfrei gebleichtem Papier

Springer Vieweg ist eine Marke von Springer DE. Springer DE ist Teil der Fachverlagsgruppe Springer Science+Business Media.
www.springer-vieweg.de

Vorwort zur 1. Auflage

Wenn Sie bei Amazon das Stichwort „Präsentation" eingeben, dann listet Ihnen der weltgrößte Online-Buchhandel etwa 600 Treffer auf. Wozu also das 601. Buch über Präsentation? Nach unseren Beobachtungen lassen sich die meisten Bücher über Präsentation in zwei Kategorien unterteilen:

Die erste Gruppe setzt sich sehr allgemein und wenig konkret mit dem Thema auseinander. Mit Aussagen wie „Wählen Sie eine geeignete Schriftgröße!" oder „Schreiben Sie leserlich!" ist wenig anzufangen, denn Ihre Fragen lautet doch: Wie groß muss eine Schrift sein, damit sie optimal lesbar ist? Wie schreibt man leserlich?

Die zweite Gruppe an Präsentationsbüchern beschäftigt sich sehr detailliert mit einem speziellen Aspekt des Präsentierens. So ergibt allein das Stichwort „PowerPoint" über 300 Suchergebnisse bei Amazon. Dabei brauchen Sie für Ihre Präsentation überhaupt kein PowerPoint. Und wenn Sie ehrlich sind: Die vielen (schlechten) PowerPoint-Präsentationen kann doch kein Mensch mehr sehen.

Die große Anzahl an Büchern über das Präsentieren unterstreicht aber auch die große Bedeutung des Themas. Präsentieren ist quer durch alle Schultypen und -stufen Thema des Unterrichts und fast immer auch der Abschlussprüfungen. Ob in der Ausbildung oder im Studium – das professionelle Aufbereiten und Darstellen von Information ist eine berufliche Kernkompetenz. Denn in der Arbeitswelt müssen Sie sowohl betriebsintern als auch im Kontakt mit den Kunden präsentieren. Spätestens dann können Sie fehlende Kenntnisse teuer zu stehen kommen.

Mit dem vorliegenden Buch haben wir versucht, alle Aspekte des Präsentierens zur Sprache zu bringen. Dabei war unser primäres Ziel, möglichst konkret und anschaulich zu bleiben und Ihnen „Kochrezepte" an die Hand zu geben, die das Planen und Umsetzen Ihrer Präsentationen ermöglichen. Aus langer Erfahrung in Schulen und in der Lehrerausbildung ist uns bekannt, wo die typischen Schwierigkeiten und „Stolpersteine" liegen.

Ein weiteres Ziel des Buches war es, dass die Software zur Erstellung von Präsentationen nichts kosten darf. Denn insbesondere für Schüler und Studenten ist die private Investition in Software nicht zumutbar. Ohne Programme kann jedoch nicht geübt werden, und wie überall gilt auch beim Präsentieren: Übung macht den Meister!

Aus diesem Grund stellen wir Ihnen in diesem Buch nicht nur die Standardsoftware PowerPoint vor, sondern eine Reihe von „Open-Source"-Programmen. Diese sind kostenlos und dürfen frei genutzt werden, ermöglichen aber ein ebenso professionelles Arbeiten wie ihre kommerziellen Alternativen. Testen Sie diese Programme – sie befinden sich auf der Begleit-CD zum Buch. Alternativ können Sie die Programme, wenn neuere Versionen verfügbar sind, kostenlos im Internet herunterladen. Sie werden staunen, wie gut diese Programme funktionieren!

Zum Schluss geht unser herzliches Dankeschön an Herrn Engesser und sein Team vom Springer-Verlag – sie haben uns wieder einmal den notwendigen kreativen Freiraum gelassen. Vielen Dank auch an Sigrid, Christel und Michaela, die etliche Abende und Wochenenden ohne ihre Männer verbringen mussten.

Nun hoffen wir, dass Sie Spaß an der Lektüre dieses Buches haben, und wünschen Ihnen guten Erfolg bei Ihren Präsentationen.

Heidelberg, im Frühjahr 2007
Joachim Böhringer
Peter Bühler
Patrick Schlaich

Vorwort zur 2. Auflage

Sechs Jahre nach Erscheinen der mittlerweile komplett ausverkauften Erstauflage halten Sie die vollständig überarbeitete und erweiterte 2. Auflage in den Händen.

Was hat sich geändert? Kurze Antwort: so einiges. Zum einen hat sich die Medienlandschaft verändert: Während Visualizer und Interaktive Whiteboards vor einigen Jahren noch exotische Besonderheiten waren, stehen vielen Schulen und Bildungseinrichtungen diese Geräte mittlerweile in großer Anzahl zur Verfügung. Ältere Medien wie Dia- oder Overhead-Projektoren haben hingegen an Bedeutung verloren.

Mit einer endlosen Fülle an Bildern, Sounds und Videos ist das Internet multimedial und interaktiv geworden. Gute Präsentationen verzichten weitgehend auf Text – denn diesen können Sie viel besser über Sprache kommunizieren –, und beziehen dafür visuelle und multimediale Inhalte ein. In einem neuen Kapitel *Multimedia* zeigen wir, dass und wie multimediale Inhalte in Präsentationen eingebunden werden können.

Medienrechtliche Grundkenntnisse sind heute unerlässlich, das Internet ist kein rechtsfreier Raum. Wenn Sie Materialien für Ihre Präsentation herunterladen möchten, müssen Sie die Urheber- und Nutzungsrechte beachten. Wir haben für Sie das Wichtigste in einem neuen Kapitel zusammengefasst.

Schließlich hat sich die Software geändert. PowerPoint wurde grundlegend überarbeitet und die Open-Source-Programme Impress und GIMP stehen mittlerweile in stabil laufenden und leistungsfähigen Versionen zur Verfügung.

Was haben wir nicht geändert? Die dreiteilige Buchstruktur in Grundlagen (Basics), Medien und Software wurde von vielen Lesern für gut befunden und deshalb von uns so belassen. Sinnvoll und nützlich sind auch die Checklisten, die Sie weiterhin im Anhang finden. Auf die CD-ROM haben wir hingegen verzichtet, weil das Buch hierdurch günstiger angeboten werden kann und weil Sie die Programme mit Ausnahme von

PowerPoint ohnehin in der jeweils aktuellen Version aus dem Internet herunterladen können.

Alles in allem sind wir überzeugt, dass wir mit der Überarbeitung und Erweiterung das Buch deutlich verbessern konnten. An zahlreichen Beispielen lernen Sie, worin sich eine gute von einer schlechten Präsentation unterscheidet. Das Buch ist einerseits zum Selbststudium, andererseits zur gezielten Unterrichtsvorbereitung oder zur Verwendung im Unterricht gedacht.

Wir wünschen Ihnen viel Spaß bei der Auseinandersetzung mit diesem spannenden Thema und sind uns sicher, dass das Buch Ihnen dabei helfen wird, ansprechende und erfolgreiche Präsentationen zu erstellen.

Heidelberg, im Frühjahr 2013
Peter Bühler
Patrick Schlaich

Handling

Bevor Sie mit dem eigentlichen Inhalt beginnen, sollten Sie einige Minuten investieren, um die Struktur des Buches kennenzulernen. Das Buch gliedert sich in vier Teile, wobei jedem Teil eine Kennfarbe zugeordnet wurde:

Basics

Im ersten Teil lernen Sie die theoretischen und gestalterischen Grundlagen des Präsentierens kennen. Hierzu gehören neben den Grundbegriffen der Kommunikation und Rhetorik auch der Einsatz Ihrer Sprache und Körpersprache und nicht zuletzt Tipps gegen Lampenfieber. Im Kapitel *Medienrecht* erfahren Sie, was zu beachten ist, wenn Sie fremde, also nicht selbst erstellte Materialien aus dem Internet in Ihrer Präsentation verwenden möchten.

Die gestalterischen Grundlagen beschäftigen sich mit dem gezielten Einsatz von Schrift, Farbe, Bilder und Grafiken sowie dem Layouten Ihrer Präsentationen. Unter *Multimedia* finden Sie Hinweise, wie Sie Videoclips , Sound und Animationen in Ihren Präsentationen einsetzen können.

Medien

Glauben Sie nicht den weit verbreiteten Irrtum, dass Präsentieren und PowerPoint das Gleiche meint.

Nicht immer ist eine Bildschirmpräsentation das Medium der Wahl. Möchten Sie beispielsweise eine „interaktive" Präsentation durchführen, bei der Sie das Publikum stark einbeziehen, dann sind ein Visualizer oder eine Metaplanwand besser geeignet. Zur Kombination von Bildschirmpräsentation und handschriftlichen Notizen eignet sich in idealer Weise ein interaktives Whiteboard.

Die Beispiele zeigen, dass die Wahl des Präsentationsmediums von vielen Faktoren abhängig ist. Auf Seite 148 stellen wir Ihnen deshalb ein Raster vor, mit dessen Hilfe Sie das für

einen bestimmten Zweck am besten geeignete Medium herausfinden können.

In einer kompakten Zusammenfassung lernen Sie in diesem
Kapitel alle derzeit relevanten Präsentationsmedien vom Beamer bis zur Metaplanwand kennen. Wir stellen deren Vorteile und mögliche Stolpersteine vor und zeigen auf, was beim
Einsatz zu beachten ist. Ziel hierbei ist, Ihnen die erforderliche
Sicherheit für die Verwendung eines für Ihre Zwecke geeigneten Präsentationsmediums zu geben.

Software

Im dritten Teil des Buches wird die Software vorgestellt, die Sie
zur Erstellung Ihrer Präsentationen benötigen. Die gute Nachricht ist, dass sämtliche Software, die Sie für Ihre Präsentation
benötigen, kostenfrei im Internet verfügbar ist. Einzige Ausnahme bildet die kommerzielle Software *PowerPoint* als Teil des
Microsoft-Officepakets, für die es jedoch für Schüler, Studenten und Lehrer eine günstige Bildungslizenz gibt. Nähere Informationen zur Software finden im Kapitel *Übersicht* (Seite 184).

Die Einarbeitung in die Software erfolgt mit Schritt-für-Schritt-
Anleitungen an konkreten Projekten, so dass Sie sich auch zu-
rechtfinden, wenn Sie noch keine oder nur geringe Vorkennt-
nisse haben.

Anhang

Zur Arbeitserleichterung und um Ihnen ein schnelles und kom-
paktes Nachlesen zu ermöglichen, haben wir die wichtigsten
Themen des Buches in Form von Checklisten zusammengefasst.

Weitere Hilfe bieten wir Ihnen in Form eines Glossars der
wichtigsten Fachbegriffe sowie eines Stichwortverzeichnisses.

Inhalt

XIV Inhalt

Basics   1

Kommunikation 3

Software 181

Inhalt XXV

Basics

Kommunikation

Präsentation? – Kommunikation!

Eine Präsentation ist mehr als ein Vortrag oder eine Rede. Eine gute Präsentation ist keine einseitige Veranstaltung bei der einer redet und, wenn Sie Glück haben, viele zuhören. Eine gute Präsentation ist wie ein erweitertes Gespräch zwischen Ihnen und Ihrem Publikum. Dabei werden Sie unterstützt von guten und klug eingesetzten Präsentationsmedien. Diese dienen der Veranschaulichung und Verstärkung Ihrer Botschaft.

Begriffsbestimmung

Das Wort Kommunikation hat seinen Ursprung in der lateinischen Sprache: communicatio – Mitteilung, communicare - teilhaben, communis – gemeinsam. Kommunikation bedeutet also Verbindung, Austausch und Verständigung zwischen Menschen.

Kommunikationsziele

Natürlich möchten Sie mit Ihrer Präsentation bestimmte Ziele erreichen. Bevor Sie aber ein Ziel formulieren, müssen Sie zu-

Fragen zur Analyse und Bestimmung der Kommunikationsziele

- Wer ist mein Publikum?
- Welche Ideen und Inhalte möchte ich vermitteln?
- Welche Handlungen möchte ich auslösen?
- Warum sollte mein Publikum meinen Vortrag hören?
- Welche Kommunikationsmittel und -medien kann ich einsetzen?
- Wie viel Zeit habe ich?
- Bietet die Präsentation etwas Neues?
- Kann/muss ich mein Publikum aktiv beteiligen?
- Ist mein Ziel realistisch?

nächst Ihren eigenen Standpunkt bestimmen. Erst dann können Sie das Ziel und den Weg zum Erreichen des Ziels festlegen. Die Fragen auf der linken Seite sollen Ihnen bei der Analyse und zielorientierten Vorbereitung helfen.

Formulieren Sie nach der Analyse – und bevor Sie mit der Erstellung Ihrer Präsentation beginnen – Ihr zentrales Kommunikationsziel in einem Satz. Sie sind dadurch gezwungen, es auf das Wesentliche zu reduzieren. Überprüfen Sie nach Ihrer Präsentation, ob Sie Ihr Ziel ereicht haben.

```
Mein Kommunikationsziel:



```

Kommunikationsmodelle

Bevor wir uns um die Praxis der Präsentation kümmern, möchten wir Sie mit drei Kommunikationsmodellen bekannt machen. Jedes Modell hat eine eigene Sicht auf die Kommunikation. Welches Modell Ihrer Richtung entspricht oder ob Sie Vertreter eines weiteren Kommunikationsmodells sind, ist nicht so wichtig. Wichtig ist allein, dass Sie sich zunächst mit der Kommunikation zwischen Menschen befassen und sich nicht gleich auf die Technik stürzen. Denn die Präsentation lebt von Ihnen, von Ihrer Authentizität und Ihrer Kompetenz.

Modell von Claude Shannon & Warren Weaver

Das informationstheoretische Kommunikationsmodell von Shannon und Weaver aus dem Jahre 1949 ist grundlegend für viele nachfolgende Kommunikationsmodelle. Es besitzt heute noch Gültigkeit für die naturwissenschaftlich-mathematische Seite der Informationsübertragung, d.h. die technische Kommunikation. Inhalte, deren Bedeutung oder Sinn spielen in diesem Modell keine Rolle. Shannon sagt sogar ausdrücklich: Information hat keine Bedeutung. Betrachten wir als Beispiel die Übertragung einer E-Mail: Sie schreiben in Ihrem E-Mail-Programm eine E-Mail. Nachdem Sie als Sender den Senden-Button angeklickt haben, codiert die Software Ihre E-Mail und schickt sie über das Internet zum E-Mail-Provider, z.B. GMX oder T-Online. Der Adressat als Empfänger kann jetzt, falls es bei der Übertragung keine technischen Störungen gegeben hat, Ihre Mail mit seinem E-Mail-Programm beim Provider abrufen und auf seinen Computer laden. Nach der Decodierung durch die Software kann der Empfänger die Mail lesen. Der Inhalt Ihrer E-Mail spielt bei dieser Übertragung keine Rolle.

Zwischenmenschliche Kommunikationsprozesse sind mehr als die technische Informationsübertragung zwischen Sender und Empfänger. Es wurden deshalb weitere Kommunikationsmodelle entwickelt, die vor allem die menschlichen Beziehungen als Kommunikationsfaktor einbeziehen.

Lineares Kommunikationsmodell

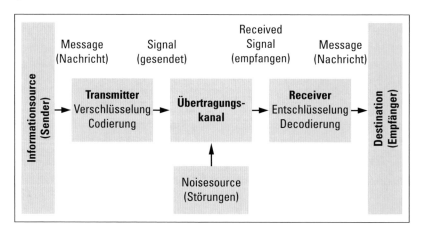

Modell von Paul Watzlawick

Paul Watzlawick entwickelte in seinem 1969 erstmals erschienenen Buch „Menschliche Kommunikation – Formen, Störungen, Paradoxien" ein Kommunikationsmodell mit pragmatischen Regeln der Kommunikation. Watzlawick teilt das Gebiet der menschlichen Kommunikation in drei Bereiche ein. Der Bereich der *Syntaktik* befasst sich mit den technischen Problemen der Nachrichtenübertragung. Die *Syntaktik* entspricht in etwa dem Kommunikationsmodell von Shannon & Weaver. Der zweite Bereich der Kommunikation ist die *Semantik*. Sie befasst sich mit der Bedeutung der verwendeten Zeichen und Symbole. Der dritte Bereich ist die *Pragmatik*. Der pragmatische Aspekt beschreibt das Verhalten der am Kommunikationsprozess beteiligten Personen.

Kommunikation ist immer ein System und damit sind alle am Kommunikationsprozess beteiligten Menschen ein Teil dieses Systems. Somit können wir Kommunikation auch nicht mehr als einen linear ablaufenden Prozess verstehen, sondern als ein zirkuläres System mit Rückkopplung, d.h. Feedback.

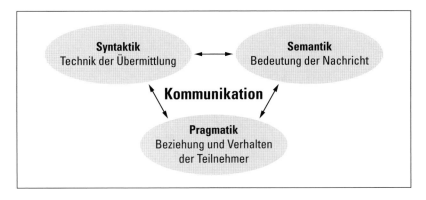

Zirkuläres Kommunikationsmodell

Die fünf Grundsätze der Kommunikation von Paul Watzlawick

1. Man kann nicht nicht kommunizieren.

„Handeln oder Nichthandeln, Worte oder Schweigen haben alle Mitteilungscharakter: Sie beeinflussen andere, und diese anderen können ihrerseits nicht nicht auf diese Kommunikation reagieren und kommunizieren damit selbst."
(Watzlawick 2003, S. 51)

Ihre Zuhörer nehmen außer dem Inhalt Ihrer Rede viele verschiedene Informationen wahr. Sie registrieren beispielsweise Ihr Sprechtempo und die Lautstärke, aber natürlich auch die Aspekte Ihrer Körpersprache wie Mimik, Gestik und Körperhaltung. Das Publikum reagiert auf Ihre Signale, Sie wiederum reagieren auf die Reaktion des Publikums. Sie sehen, Kommunikation ist ein dynamischer Prozess.

2. Jede Kommunikation hat einen Inhalts- und einen Beziehungsaspekt.

Der Inhaltsaspekt beschreibt das Was einer Nachricht. Ebenso wichtig für eine gelungene Kommunikation ist der Beziehungsaspekt, das Wie einer Nachricht. Wie möchten Sie als Sender vom Empfänger wahrgenommen und verstanden werden bzw. wie nimmt der Empfänger Sie wahr und wie versteht er die Nachricht. Durch eine Störung des Beziehungsaspektes wird der Inhaltsaspekt entwertet. Erst der menschliche Faktor macht Vorträge erfolgreich. Nur wenn sich Redner und Zuhörer „mögen", kann Kommunikation erfolgreich sein.

3. Die Natur einer Beziehung ist durch die Interpunktion der Kommunikationsabläufe seitens der Partner bestimmt.

Kommunikation kennt keinen Anfang und kein Ende, sondern verläuft kreisförmig. Zu jeder Situation gibt es eine vorhergehende und eine darauf folgende Situation. Wir müssen deshalb diesen Kreisprozess der Kommunikation in einzelne unterscheidbare Abschnitte gliedern. Watzlawick nennt dies die Interpunktion von Ereignisfolgen.

Die Partner müssen einen Kommunikationsprozess strukturieren. Dies geschieht analog zur Strukturierung eines Textes durch Satzzeichen. In einer vom Referenten dominierten Präsentation wird die Gliederung vor allem vom Vortragenden vorgegeben. Je stärker Sie Ihr Publikum mit einbeziehen, desto höher wird sein Anteil an der Interpunktion der Kommunikation.

*4. Menschliche Kommunikation bedient sich analoger und
    digitaler Modalitäten.*

Sie können Objekte auf zwei unterschiedliche Arten darstellen,
in einer Analogie, z.B. in einer Zeichnung, oder mittels der verbalen Benennung durch einen Namen. Mit den analogen Kom-
munikationsformen werden die nonverbale Kommunikation
und der Beziehungsaspekt der Kommunikation beschrieben.
Teil der analogen Kommunikation sind alle Aspekte der Körpersprache wie die Mimik und die Gestik sowie z.B. der Tonfall
eines Menschen. Die Visualisierung eines Inhalts durch ein Bild
oder eine Grafik entspricht ebenfalls dem analogen Modus.
Der digitale Modus der Kommunikation betrifft die Sprache als
System von Zeichen, die einem bestimmten Objekt zugeordnet
sind. Wenn Sie im Radio eine fremdsprachige Sendung hören,
werden Sie vermutlich die Nachricht nicht entschlüsseln können. Dieses einfache Beispiel zeigt, dass die digitale Kommu-
nikationsform der Sprache einen gemeinsamen Zeichenvorrat
von Sender und Empfänger bedingt.

Beide Kommunkationsformen, die analoge und die digitale
Kommmunikation, ergänzen sich in einer erfolgreichen Kommunikation gegenseitig.

5. Kommunikation ist symmetrisch oder komplementär.

Die Kommunikation zwischen Menschen wird durch ihre sozi-
ale Position bestimmt. Die gleiche Position führt zu einer sym-
metrischen Kommunikation. Eine unterschiedliche Position bedingt eine komplementäre Kommunikation.

Symmetrisch bedeutet spiegelbildlich oder spiegelgleich. Für
die Kommunikation heißt dies, dass die Partner einer symmet-
rischen Kommunikation gleichberechtigt sind. Die Präsentation
vor Mitschülern oder Kollegen ist ein Beispiel für eine symmet-
rische Kommunikationssituation.

Komplementär bedeutet ergänzend. Die ungleichen Kommu-
nikationspartner ergänzen durch ihr unterschiedliches Verhalten
die Kommunikation zu einer Gesamtheit. Wenn Sie vor Kunden,

Vorgesetzten oder Lehrern präsentieren, dann ist dies ein komplementärer Kommunikationsprozess.

Modell von Friedemann Schulz von Thun

Friedemann Schulz von Thun war Professor für Psychologie an der Universität Hamburg. 1981 hat er sein Kommunikationsmodell vorgestellt. Schulz von Thun unterscheidet bei der Kommunikation vier verschiedene Aspekte. Er stellt die vier Seiten einer Äußerung als Quadrat dar. Dem Sender ordnet er dementsprechend „vier Schnäbel" und dem Empfänger „vier Ohren" (Vier-Ohren-Modell) zu. An der Kommunikation sind immer vier Schnäbel und vier Ohren beteiligt. Sie übermitteln und empfangen damit immer vier Botschaften gleichzeitig:

Sachinhalt – „Worüber ich informiere."
Mit Ihrer Präsentation vermitteln Sie Ihrem Publikum einen bestimmten Inhalt.

Selbstkundgabe – „Was ich von mir zu erkennen gebe."
Mit Ihrem Vortrag geben Sie auch ein Stück von sich preis. Die Zuhörer merken, ob Sie hinter Ihrer Sache stehen oder nur Theater spielen. Seien Sie natürlich und authentisch.

Beziehung – „Was ich von dir halte und wie ich zu dir stehe."
Der Beziehungsaspekt ist sicherlich der am schwierigsten erfassbare. Trotzdem hat er entscheidenden Einfluss auf das Gelingen des Kommunikationsprozesses. Auf der Beziehungsebene werden Ich-Botschaften und Du-Wir-Botschaften gesendet.

Appell – „Was ich bei dir erreichen möchte."
Mit jeder Aussage appellieren Sie an Ihre Zuhörer, eine geistige oder körperliche Handlung durchzuführen. Die Appelle können offen, unterschwellig, manipulativ,... sein.

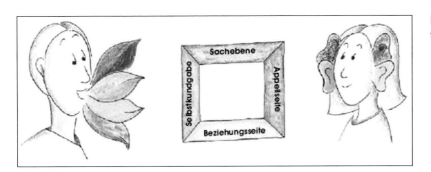

Verständlichkeit nach Friedemann Schulz von Thun

Schulz von Thun nennt vier Merkmale für eine verständliche Aussage:

Einfachheit

Der Sachinhalt sollte einfach, richtig und ansprechend dargestellt werden. Wenn Sie kurze Sätze bilden und unnötige Fremdwörter vermeiden, steigern Sie ebenfalls den Erfolg Ihrer Botschaften.

Gliederung

In Ihrem Text muss ein roter Faden erkennbar sein. Gliedern Sie den Inhalt folgerichtig, trennen Sie unwichtige von wichtigen Informationen.

Kürze und Prägnanz

Ihr Text muss auf das Kommunikationsziel ausgerichtet sein. Vermitteln Sie eine klare Botschaft.

Stimulans

Gestalten Sie Ihren Text, Ihre Präsentation spannend und abwechslungsreich.

Rhetorik

Die Rhetorik umfasst die Theorie und die Praxis der mündlichen Kommunikation.

Die fünf Schritte der Rhetorik

Die klassischen fünf Arbeitsschritte zur Vorbereitung einer Rede, eines Vortrags oder einer Präsentation haben seit der Antike Gültigkeit.

Stoffsammlung, inventio

Beginnen Sie mit einer ungeordneten Stoffsammlung (Brainstorming) und tragen Sie alle Ideen, Gesichtspunkte und Inhalte zusammen, die Ihnen spontan zu Ihrem Thema einfallen. Orientieren Sie sich dabei an den journalistischen W-Fragen: Wer, was, wo, wodurch, warum, wie, wann?

Gliederung, dispositio

Gliedern Sie Ihr gefundenes Material. Strukturieren Sie Ihren Vortrag nach einem logischen kohärenten Schema in Einleitung, Hauptteil und Schluss. Arbeiten Sie die Kernaussagen Ihres Vortrages heraus.

Formulierung, elocutio

In diesem Produktionsschritt bringen Sie Ihren Vortrag, Ihre Präsentation in eine Form. Die Versprachlichung und Visualisierung müssen auf Ihre Kommunikationsziele bezogen sein und der Zielgruppe entsprechen.

Einprägung, memoria

Prägen Sie sich Ihren Vortrag ein. Sie müssen Ihn nicht auswendig lernen, aber sie sollten im Wesentlichen frei sprechen können. Wir kennen alle diese unsäglichen Präsentationen, bei denen der Vortragende mit dem Rücken zum Publikum seine Folien vorliest. Erst durch die freie Rede, die Ergänzung der

Medien mit neuen Inhalten wird Ihr Vortrag lebendig und fesselt Ihre Zuhörer.

Vortrag, pronuntiatio, actio

Jetzt kommt der große Moment, hier zeigt sich, ob sich die Vorarbeit gelohnt hat. Sie werden sehen, sie hat sich gelohnt. Sie sind gut vorbereitet und vom Inhalt Ihrer Präsentation erfüllt. Unterstützen Sie die positive Wirkung Ihres Vortrags durch angemessene Mimik und Gestik, halten Sie Blickkontakt.

Arbeits- und Zeitplanung

Der Termin Ihrer Präsentation ist noch ganz weit weg – und plötzlich ist er da, überraschend wie Weihnachten. Damit Sie nicht überrascht werden und Ihre Präsentation professionell erarbeiten und durchführen können, müssen Sie mit einer gründlichen Arbeitsplanung beginnen.

Fragen zur Arbeits- und Zeitplanung

- Wann ist der Präsentationstermin?
- Wie viel Zeit bleibt bis dahin?
- Wie viel Zeit kann ich aufwenden?
- Arbeite ich alleine oder im Team?
- Habe ich Unterstützung von anderen Personen?
- Welche Möglichkeiten der Recherche und Materialerarbeitung habe ich?
- Welche Arbeitsschritte muss ich bis zur Präsentation erledigen?
- Welche Präsentationsmedien stehen mir zur Verfügung?
- Welche Medien muss ich mir technisch erarbeiten?
- Wie umfangreich muss meine Präsentation sein?
- Welchen Anspruch habe ich an meine Präsentation?

Die Antworten auf diese Fragen werden zu sich widerspre-chenden Zielen führen. Sie möchten eine optimale Präsenta-tion halten, haben aber nur beschränkte Vorbereitungszeit und Ressourcen, z.B. zur Materialbeschaffung, zur Verfügung.

Magisches Dreieck

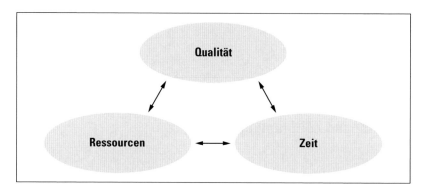

Aus der angestrebten Balance dieser drei sich widerspre-chenden Ziele entwickeln Sie Ihren Arbeits- und Zeitplan, ge-gliedert nach den Arbeitsschritten, die Sie erledigen müssen. Planen Sie Pufferzeiten ein. Meist braucht man doch länger oder es kommt noch Unvorhergesehenes dazu. Schätzen Sie Ihren Zeitbedarf und die Ihnen tatsächlich zur Verfügung ste-hende Zeit realistisch ein.

Arbeits- und Zeitplan

Arbeitsschritte	Zeit (h) minimal	maximal	Termin
Themenfindung			
Recherche			
Erarbeitung			
Gliederung			
Ausarbeitung			
Probelauf			
Überarbeitung			
Präsentation			
Summe			

Erarbeitung der Inhalte

Nach dem Sie die Arbeits- und Zeitplanung erstellt haben, geht es nun um die praktische Erarbeitung der Inhalte Ihrer Präsentation.

Fragen zur Erarbeitung der Inhalte

- Wie erarbeite ich Inhalte?
- Wie bringe ich die Inhalte auf den Punkt?

Themenfindung

Zu Beginn Ihrer Arbeit steht die exakte Formulierung Ihres Themas. Auch wenn Sie das Thema nicht selbst als Fach- oder Seminararbeit wählen können, sondern vorgegeben bekommen, ist die Konkretisierung der Themenstellung ein notwendiger Schritt. Erschließen Sie sich das Thema mit den Antworten auf folgende Fragen. Machen Sie das Thema zu *Ihrem* Thema.

Fragen zur Themenfindung

- Interessiert mich das Thema?
- Was will ich wissen?
- Warum will ich das wissen?
- Habe ich schon Material zu diesem Thema?
- Wo finde ich Material?
- Kann ich das Thema bewältigen oder überwältigt mich das Thema?
- Wie viel Zeit habe ich zur Erarbeitung?
- ...

Stoffsammlung

Brainstorming

Schreiben Sie in Stichworten alles auf, was Ihnen zu Ihrem Thema einfällt. Bewerten sich noch nichts und sortieren Sie noch nichts aus. Es geht in dieser Arbeitsphase nur darum, sich dem Thema zu nähern und sich einen Überblick zu verschaffen.

Recherche

Auf der Basis Ihres Brainstormings ermitteln Sie Ihren Informationsbedarf und entwickeln eine Suchstrategie zur Recherche in Büchern, Zeitungen, Zeitschriften und natürlich dem Internet. Berücksichtigen Sie dabei das Verhältnis von Aufwand und Ertrag. Wie viel Zeit haben Sie für diesen Schritt in Ihrer Arbeitsplanung vorgesehen?

Wichtig bei der Recherche, egal ob gezielt oder nach dem Schneeballsystem, ist, dass Sie die Ergebnisse zusammen mit den Quellen fixieren. Sie können dies klassisch auf Karteikärtchen oder elektronisch z.B. in einer Datenbank auf dem Computer machen. Für die weitere Arbeit ist es sinnvoll, nicht nur zu kopieren, sondern gleich *Exzerpte* anzulegen. Exzerpte sind auf Ihr Thema bezogene Textauszüge. Alles, was für das Thema unwichtig ist, wird weggelassen. Exzerptieren heißt also auswählen und leistet damit schon eine erste Vorarbeit für die Gliederung. Falls Sie die Ergebnisse Ihrer Recherche zu einem späteren Zeitpunkt noch einmal brauchen, dann legen Sie hier gleich ein Ordnungssystem mit Schlagworten an.

Stofferarbeitung

Sammeln alleine reicht nicht. Sie müssen den Stoff auch verstanden haben. Sprechen Sie schon in dieser Phase der Vorbereitung mit anderen über Ihr Thema. Im Gespräch werden Ihnen die Inhalte und Zusammenhänge klarer und Sie merken, woran Sie noch arbeiten müssen. Nur Inhalte, die Sie selbst verstanden haben, können sie auch überzeugend präsentieren.

> Grundsatz für meine Präsentation:
> „Ich präsentiere nur Inhalte, die ich selbst verstanden
> habe!"

Stoffauswahl mit der Reduktionsmethode

Mit Hilfe der Reduktionsmethode beschränken Sie Ihren Stoff auf das Wesentliche.

Kürzen

Kürzen heißt vor allem, Überflüssiges, Schmückendes und Doppelungen wegzulassen. Gebrauchen Sie eine klare Sprache ohne Füllwörter oder lange Schachtelsätze.

Verdichten

Erhöhen Sie die Informationsdichte Ihrer Aussagen durch die Auflösung ganzer Sätze in kurze Teilsätze oder Schlagworte. Das Ergebnis können Sie oft direkt für Ihre Folien verwenden.

Stoffauswahl mit der A-B-C-Analyse

Meist haben Sie unendlich viel Inhalte und nur endlich viel Zeit. Die A-B-C-Analyse hilft Ihnen bei der Auswahl und Gewichtung der Inhalte Ihrer Präsentation.

A-Inhalte

Alle Inhalte, die präsentiert werden *müssen.*

B-Inhalte

Alle Inhalte, die präsentiert werden *sollten.*

C-Inhalte

Alle Inhalte, die präsentiert werden *könnten,* wenn genügend Zeit bleibt.

Ordnen Sie alle Inhalte einer dieser drei Kategorien zu. Bedenken Sie dabei immer, auswählen heißt vor allem weglassen. Durch die Überprüfung werden Ihnen die Inhalte noch mal bewusster und es ergibt sich meist schon die Grundlage für eine Gliederung.

Grundsätzlicher Aufbau einer Präsentation

Eine Präsentation gliedert sich in vier Teile. Nach der persönlichen Kontaktaufnahme mit dem Publikum folgen die aus dem Schulaufsatz bekannten Gliederungsteile Einleitung, Hauptteil und Schluss.

Begrüßung und Vorstellung

Nachdem Sie Ihr Publikum begrüßt haben, stellen Sie sich kurz vor. Danach nennen Sie Ihr Thema und erläutern dessen Bedeutung für Ihr Publikum.

Einleitung

Eine gelungene Einleitung ist der Schlüssel zum Erfolg Ihres Vortrages. Sie ziehen die Zuhörer in Ihren Bann und begeistern sie für das Thema. Stellen Sie die Agenda und das Ziel Ihres Vortrages vor. Machen Sie Ihr Publikum neugierig.

Hauptteil

Im Hauptteil präsentieren Sie die Inhalte. Für die Zuhörer muss die Struktur, der berühmte rote Faden, immer erkennbar sein.

Schluss

Der Schluss einer Präsentation muss ebenso gut wie die ersten Teile vorbereitet sein. Hier schließt sich der Kreis. Sie fassen die Kernaussagen zusammen, ziehen ein Resümee oder enden mit einem feurigen Appell. Bei Bedarf können Sie Ihr Publikum zur Diskussion einladen und noch offene Fragen klären. Beenden Sie Ihre Präsentation mit einem Dank an Ihre Zuhörer.

Argumentationstechniken

In diesem Abschnitt werden wir uns mit der Technik zum Aufbau eines Argumentationsgerüstes einer Präsentation beschäftigen. Sie geben damit Ihrem Publikum den berühmten roten Faden zur Orientierung.

Planen Sie Ihre Argumentation immer vom Ende her. Sie kennen das Ziel und konzipieren dann die Schritte zum Ziel.

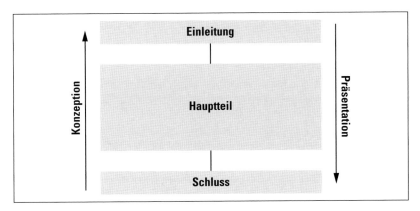

Fünfsatztechnik

Mit der Fünfsatztechnik führen Sie Ihr Publikum in fünf zielorientierten Denkschritten von der motivierenden Einleitung über den argumentativen Hauptteil bis zur überzeugenden Schlussfolgerung.

1. Einleitung – 1. Satz

Beginnen Sie mit einer zielgerichteten, das Thema der Präsentation darstellenden Einleitung. Ihr Publikum muss neugierig auf den weiteren Vortrag werden.

- Die Ergebnisse unserer Arbeit der letzten …
- Diese Technologie gewinnt immer größere Bedeutung …
- Wir müssen etwas tun für …
- Stelle ich neue Aspekte …
- …

2. Hauptteil – 2. bis 4. Satz

Sie entwickeln Ihren Gedankenweg logisch in drei argumentativen Schritten. Je nach Modell ergeben sich verschiedene Argumentationsverläufe.

Kettenmodell

- Zurzeit ist …
- Dies hat folgende Ursachen …
- Wir können mit folgenden Maßnahmen …

Dialektisches Modell

- Einerseits ergibt sich …
- Andererseits müssen wir aber auch berücksichtigen …
- Nach der Bewertung beider Argumente liegt die Lösung …

3. Schluss – 5. Satz

Schließen Sie Ihre Präsentation mit einer Kernausage, einer Schlussfolgerung oder einem Handlungsaufruf.
- Deshalb sollten wir …
- Darum ist …
- Ich rufe Sie auf …
- Möchte ich zusammenfassend …
- …

Variieren Sie je nach Thema und Situation die Struktur. Ihre Präsentationen und Vorträge werden durch den guten Aufbau Ihrer Argumente zielorientiert, klar gegliedert, prägnant und dadurch erfolgreich.

AIDA

Das AIDA-Prinzip ist aus der Werbung und dem Marketing bekannt. AIDA wird aber ebenfalls in der Rhetorik als Gliederungsprinzip eines Vortrags genutzt. AIDA gliedert sich in vier Schritte:

1. Attention, Aufmerksamkeit

Sie gewinnen mit Ihrer Einleitung die Aufmerksamkeit Ihres Publikums.
- Die neuesten Umfragewerte…
- Ich zeige Ihnen heute…
- Kennen Sie schon…
- …

2. Interest, Interesse

Nachdem Sie die Aufmerksamkeit Ihres Publikums gewonnen haben, vertiefen Sie die Beziehung und wecken das Interesse Ihrer Zuhörer.
- …können auch Sie…
- Wie können wir noch effektiver…
- Wie haben wir…
- …

3. Desire, Verlangen

Aus dem Interesse an Ihrer Botschaft wird idealerweise das Verlangen nach der von Ihnen vorgetragenen Lösung.
- …haben Sie den Vorteil…
- Können Sie Ihre … steigern…
- …wissen Sie, wie man…
- …

4. Action, Handeln

- Deshalb sollten Sie jetzt…
- Machen wir…
- Ist es notwendig, zukünftig…
- …

Stichwortkärtchen

Stichwortkärtchen, z.B. Karteikarten im Format A6 oder A7, dienen Ihnen nicht nur als Gedächtnisstütze. Sie müssen sich bei der Erstellung nochmals Gedanken über die Gliederung und Abfolge machen. Die Inhalte werden auf die wesentlichen Punkte reduziert, Zahlen und Fakten notiert. Die Stichwortkärtchen haben also eine vergleichbare Funktion wie ein gut gemachter Spickzettel für eine Klassenarbeit oder eine Klausur.

Außerdem haben Sie mit den Kärtchen etwas in der Hand, an dem Sie sich festhalten können. Ihre Hände kommen zur Ruhe und unterstützen trotzdem Ihre Worte mit angemessener Gestik.

Körpersprache

Die Körperhaltung, die Gestik und Mimik, Ihre Bewegung im Raum und die Blickrichtung gehören zu Ihrer Körpersprache. Neben der Kleidung, der Stimme und Ihrem Styling ist die Körpersprache Ihr wichtigstes nonverbales Kommunikationsmittel. Die Körpersprache offenbart Ihre Gedanken, Ihre Motivation und Einstellungen. Wir verstehen die Signale des Köpers intuitiv. Es ist deshalb viel schwerer, in der Körpersprache zu lügen als in der Wortsprache. Die Signale der Körpersprache sind allerdings nicht eindeutig. Wir können zwar unsere Wahr-

Aktive Wahrnehmung der Körpersprache

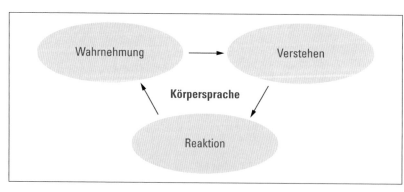

nehmung schulen und damit die Körpersprache unseres Gegenübers besser verstehen, aber nicht immer bedeutet ein Kratzen am Kopf Unsicherheit und das Verschränken der Arme Verschlossenheit. Trotzdem ist das gezielte Beobachten und Wahrnehmen von Köpersignalen wichtig für das Verstehen Ihres Kommunikationspartners. Darüber hinaus können Sie durch Reflexion Ihren eigenen körperlichen Ausdruck bewusster entfalten und verbessern.

Auftritt

Ihre Präsentation beginnt mit dem Gang zum Rednerpult. Bewegen Sie sich normal, zielbewusst, aber nicht übertrieben dynamisch. Atmen Sie ruhig und regelmäßig. Wenn Sie an Ihrem Platz angekommen sind, nehmen Sie sich die Zeit, noch einmal durchzuatmen.

Stand

Sie sind angekommen. Finden Sie Ihren Stand. Zum sicheren Stand zu Beginn einer Präsentation stellen Sie die Beine in hüft-

Der sichere Stand
Die Beine stehen hüftbreit.
Die Knie sind nicht durchgestreckt.
Der Rücken ist gerade, keinHohlkreuz.
Die Hände sind locker neben dem Körper.
Die Schultern sind entspannt.

Standbein und Spielbein
Das Körpergewicht ruht auf einem Bein.
Spielbein und Standbein wechseln sich ab.
Die Hände sind locker neben dem Körper.
Die Schultern sind entspannt.

breitem Abstand. Belasten Sie beide Beine gleichmäßig. Sie haben dadurch guten Bodenkontakt und einen festen Stand – so leicht wirft Sie jetzt nichts um. Während des Vortrags wirkt diese Körperhaltung aber steif und statisch. Sie können die Statik auflösen, indem Sie sich ein oder zwei Schritte bewegen, aber bitte nicht aufgeregt hin- und herlaufen. Die zweite Variante heißt Spielbein und Standbein. Sie belasten das Standbein mit mehr Körpergewicht, das Spielbein wird entlastet. Wechseln Sie immer mal Spiel- und Standbein. Auch hier gilt, bewegen Sie sich angemessen und geraten Sie nicht ins Schaukeln.

Körperhaltung

Ihre innere Haltung bestimmt Ihre Körperhaltung – Ihre äußere Haltung bestimmt Ihre innere Haltung. Probieren Sie es einmal aus: Sprechen Sie den Satz: „Mir geht es gut, ich fühle mich wohl" in verschiedenen Körperhaltungen, aufrecht, zusammengesunken, überspannt, in der Hocke … Sie werden feststellen, dass Sie den Satz immer anders sprechen. Nur eine angenehme, gelassene und aufrechte Haltung vermittelt Ihnen und Ihren Zuhörern eine positive Botschaft.

Unterspannte Körperhaltung	**Überspannte Körperhaltung**	**Offene Körperhaltung**	**Geschlossene Körperhaltung**
gleichgültig	angespannt	freundlich	gebeugt
bequem	feindlich	aufmerksam	misstrauisch
initiativlos	nervös	neugierig	zurückgezogen

Gestik

Mit der Bewegung Ihrer Hände und Arme unterstützen Sie Ihre Worte. Dies klappt aber nur, wenn die Gestik auch genau das zeigt, was Sie mit Worten gerade sagen.

Gesten oberhalb der Gürtellinie wirken meist positiv. Hängende Arme, hinter dem Körper verschränkte Hände oder in Taschen verschwundene Hände sollten Sie vermeiden. Die beste Position Ihrer Hände ist bei leicht gebeugten Armen etwas oberhalb der Gürtellinie. Der ideale Ausgangspunkt für Gesten, die Ihre Ausführungen unterstützen.

positiv	dozierend	geschlossen	offen
auffordernd	ermahnend	abwartend	positiv
anbietend	negativ	nachdenklich	zupackend
überzeugend	abweisend	ironisch	dynamisch

Mimik

Die Mimik ist die Sprache Ihres Gesichts. Ihr Mienenspiel zeigt Freude, Angst, Unsicherheit, Stolz, Wut, Offenheit… Mit einem Lächeln gewinnen Sie Ihre Zuhörer.

skeptisch	offen	unsicher	freundlich
abweisend	freundlich	freundlich	aufmerksam
negativ	direkt	zurückhaltend	direkt
abwertend	positiv	abwesend	zurückhaltend

Blick

Blicken Sie zu Beginn Ihrer Präsentation in die Runde. Ihr Blick ist die beste Möglichkeit mit Ihren Zuhörern Kontakt aufzunehmen. Halten Sie auch während des Vortrages Blickkontakt zu Ihrem Publikum. Sie signalisieren damit, dass Sie Ihr Gegenüber wahrnehmen und an ihm Interesse haben.

Abgang

Beenden Sie Ihre Präsentation bewusst. Nehmen Sie sich die Zeit, noch einmal in die Runde zu blicken, und verabschieden Sie sich damit von Ihrem Publikum. Ihre Präsentation endet mit dem Gang vom Rednerpult. Bewegen Sie sich normal, zielbewusst aber nicht übertrieben dynamisch. Atmen Sie ruhig und regelmäßig.

Zum Schluss

Seien Sie authentisch, versuchen Sie nicht, die Körpersprache anderer zu imitieren.

Stimme und Sprache

Der Ton macht die Musik. Ihre Stimme ist ebenso wie Ihre Körpersprache ein gewichtiger Faktor der Kommunikation. Nach verschiedenen Untersuchungen ist der Erfolg von Kommunikation zu ca. 40 % von der Stimme und Sprache abhängig. Die Wirkung Ihrer Stimme wird durch verschiedene Parameter wie Lautstärke, Stimmhöhe, Rhythmus, Sprechtempo, Deutlichkeit und Betonung bestimmt. Gestalten Sie Ihren Vortrag lebendig durch die Variation dieser Parameter. Sie lassen durch Ihre Stimme im Zuhörer Emotionen und innere Bilder entstehen, Sie berühren, begeistern und überzeugen.

Zeitplanung der Durchführung

Der Zeitrahmen Ihrer Präsentation wird Ihnen im Allgemeinen vorgegeben. Es ist schwierig, schon in der Vorbereitung abschätzen zu können, ob Ihre Präsentation im Zeitrahmen bleibt, zu kurz oder gar viel zu lange dauert. Sie müssen deshalb durch gezieltes Üben ein Zeitgefühl für Vorträge erwerben. Lesen Sie einen Text leise durch. Schätzen Sie die Zeit, die Sie für ein lautes Lesen brauchen würden. Starten Sie dann die Stoppuhr und vergleichen Sie Ihre Vorgabe mit der tatsächlich benötigten Zeit. Tragen Sie den Text nun nach gleichem Muster frei vor. Nehmen Sie sich vor, den Text in einer bestimmten Zeitdauer, z.B. drei Minuten, vorzutragen.

Achten Sie bei Präsentationen und Vorträgen, die Sie als Zuhörer erleben, neben dem Inhalt auch auf die Zeiteinteilung. Wenn Sie diese Übungen regelmäßig machen, werden Sie ein gutes Zeitgefühl entwickeln.

Sie haben eine optimale Zeitplanung erreicht, wenn Sie den gegebenen Zeitrahmen leicht unterschreiten. Planen Sie immer ca. 10 % Puffer für Fragen, Diskussion oder einen Exkurs ein.

Lampenfieber

Jeder kennt Lampenfieber – jeder hat Lampenfieber!

Es ist völlig normal, vor einer Präsentation, einem Vortrag oder dem Halten eines Referates aufgeregt zu sein. Die Hände werden feucht, der Atem geht schneller, die Stimme wirkt belegt... Der Hypothalamus im Gehirn löst eine Sympathicusreaktion aus. Dies bewirkt, dass die Nebennierenrinde Adrenalin und Noradrenalin produziert. Eine natürliche biologische Reaktion des Körpers auf Stress. Sie sind jetzt bereit zum Angriff oder zur Flucht. Manch einem ist vor einer Präsentation eher nach Flucht. Wenn Sie aber lernen, mit Ihrem Lampenfieber positiv umzugehen, dann gibt es Ihnen die Kraft und Spannung für eine erfolgreiche Präsentation.

Es gibt viele Tipps und Tricks, mit Lampenfieber positiv umzugehen, Sie müssen Ihre Methode finden. Suchen Sie sich aus den folgenden Tipps und Techniken die aus, die Sie ansprechen, probieren Sie sie aus und üben Sie die verschiedenen Methoden.

Tipps und Techniken gegen Lampenfieber

- Bereiten Sie sich gut vor.
- Üben Sie.
- Schlafen Sie ausreichend.
- Trinken Sie keinen Alkohol.
- Nehmen Sie keine Beruhigungsmittel.
- Vermeiden Sie Zeitdruck.
- Machen Sie sich ausführlich mit den Räumlichkeiten und der technischen Ausstattung vertraut.
- Achten Sie auf angemessene und bequeme Kleidung.
- Überprüfen Sie Ihr Styling.
- Fühlen Sie sich wohl.
- Bewegen Sie sich vor Ihrem Auftritt.
- Machen Sie Entspannungsübungen.
- Treten Sie bewusst auf.
- Nehmen Sie Blickkontakt mit Ihrem Publikum auf.
- Kommunizieren Sie mit Ihrem Publikum.
- Atmen Sie tief und ruhig.
- Andere haben auch Lampenfieber.
- Sie dürfen Fehler machen.
- Verknüpfen Sie Ihre Präsentation mit positiven Situationen.
- Ihre Zuhörer sind Ihnen wohlgesonnen.
- Seien Sie Sie selbst!

Entspannungstechniken

Entspannen Sie sich. Entspannen hilft gegen Stress, Ängste und Lampenfieber. Die folgenden Entspannungstechniken können Sie einfach erlernen und ohne Hilfsmittel in 90 Sekunden vor Ihrer Präsentation praktizieren. Sie werden ruhig, schöpfen positive Energie und können so Ihre Präsentation ohne Stress und Angst durchführen.

Atemübungen

Stehen Sie im lockeren Stand. Die Knie sind leicht gebeugt. Die Füße stehen hüftbreit parallel. Die Arme sind entspannt seitlich am Körper. Ihre Augen bleiben geöffnet.

- Heben Sie die Arme beim Einatmen langsam und gleichmäßig nach vorne bis auf Schulterhöhe, kurz halten und beim Ausatmen wieder absenken.
- Heben Sie die Arme bei Einatmen langsam und gleichmäßig seitlich bis auf Schulterhöhe, kurz halten und beim Ausatmen wieder absenken.

Phantasiereise

Sitzen Sie breitbeinig und aufrecht. Suchen Sie mit leichten Bewegungen des Oberkörpers eine lockere und entspannte Haltung. Ihre Augen sind geschlossen. Ihr Atem geht gleichmäßig und ruhig.

Gehen Sie in Ihrer Phantasie auf Reisen. Sie sitzen auf einer Mole und schauen auf Segelboote im Abendlicht ...

Strecken Sie zum Abschluss mit dem Einatmen beide Arme nach oben und führen Sie sie mit dem Ausatmen seitlich nach unten. Öffnen Sie dabei die Augen. Welcome back!

Unterlagen – Handout

Ob Sie Ihrem Publikum Unterlagen oder, wie man heute sagt, ein Handout an die Hand geben, ist eine Entscheidung, die Sie schon in der Konzeptionsphase Ihrer Präsentation treffen müssen. Wenn Sie sich für Unterlagen entschieden haben, dann stehen die nächsten Fragen an: Möchten Sie, dass sich Ihr Publikum Notizen macht? Geben Sie die Unterlagen vor oder nach der Präsentation aus? In welcher Form geben Sie sie aus?

Manuskript

Alle Präsentationsprogramme haben heute als Funktion, die Zusammenstellung der Folien als Manuskript auszudrucken. Dabei können Sie mehrere Folien auf einem Blatt zusammenfassen. Achten Sie dabei vor allem auf die Lesbarkeit. Man sieht immer wieder Manuskripte mit acht Folien auf einer Seite, auf denen Sie die Inhalte kaum erkennen können. Der Platz, um sich Notizen zu machen, fehlt natürlich dann ebenfalls.

Thesenpapier

Fassen Sie die wesentlichen Inhalte Ihrer Präsentation auf einer Seite zusammen. Ein Thesenpapier ist, auch wenn Sie es später nicht ausgeben und nur für sich selbst erstellen, ein wertvolles Hilfsmittel bei der Erstellung der Präsentation.

Muster

Zeigen Sie Ihrem Publikum nicht nur das Bild eines Elefanten, sondern bringen Sie den Elefanten mit. Die reale Anschauung und das Begreifen kann durch keine Folie ersetzt werden. Zugegeben mit Elefanten wird es vermutlich schwierig, aber meist sind die präsentierten Dinge ja handlicher.

Wenn Sie die Möglichkeit haben, zeigen Sie die Druckmuster, Dübel oder Schrauben ... nicht nur, sondern geben Sie sie als Muster Ihren Zuhörern mit. Ihr Publikum wird Ihre Präsentation in bleibender Erinnerung behalten.

Selbsteinschätzung und Üben

Fragen zur Selbsteinschätzung

- Wie schätzen ich meine Fähigkeiten ein?
- Was kann ich schon gut?
- Woran muss ich noch arbeiten?

Tragen Sie Ihre Einschätzung in das Netzdiagramm ein. Der eingezeichnete Rahmen markiert den allgemeinen Durchschnitt. Üben Sie vor allem Bereiche, in denen Sie unter oder nur im Durchschnitt liegen. Wiederholen Sie den Selbsttest von Zeit zu Zeit. Sie werden feststellen, wie sich Ihre Fähigkeiten kontinuierlich verbessern.

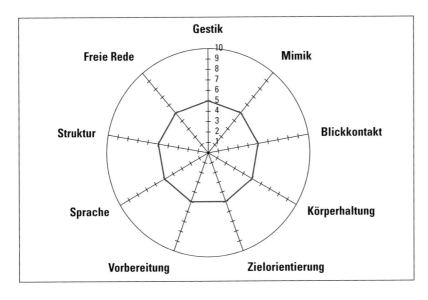

Netzdiagramm zur Selbsteinschätzung

Ohne Bilder geht gar nichts!

Selbstverständlich nutzen Sie Bilder als Medium zur Visualisierung in Ihrer Präsentation, aber haben Sie auch die Nutzungsrechte? – Nutzungsrechte? Ich habe das Bild doch aus dem Internet und da stand lizenzfrei. Stellen Sie sich folgendes Szenario vor: Sie sind auf dem Weg zur Bushaltestelle. Sie haben es eilig. Zufällig schauen Sie in ein am Straßenrand geparktes Auto. Der Schlüssel steckt, die Fahrertüre ist nicht verschlossen. Sie steigen in das Auto und fahren los? Natürlich würden Sie das Auto stehen lassen oder den Eigentümer, so Sie wissen wer und wo er ist, fragen, ob Sie sein Auto benutzen dürfen. Mit dem Bild verhält es sich nicht anders. Nur weil das Bild

digital ist und sich technisch so einfach kopieren und nutzen lässt, es gehört trotzdem jemanden. Der Eigentümer des Bildes hat die Nutzerrechte, der Fotograf hat die Urheberrechte. Damit ist die unlizensierte Nutzung eines Bildes rechtlich dasselbe wie die unerlaubte Fahrt mit einem fremden Auto.

Kommunikationsgrundrechte

Schauen wir uns das Medienrecht etwas näher an. Das Medienrecht ist kein einheitliches Rechtsgebiet. Es umfasst alle Gesetze und Rechtsvorschriften, die für den Umgang mit Medien relevant sind. Grundlage aller Gesetze und Vorschriften ist natürlich auch im Medienrecht das Grundgesetz. Für uns ist be-

sonders Artikel 5 GG von Interesse. In ihm sind die sogenannten Kommunikationsgrundrechte geregelt.

Kommunikationsgrundrechte (Art. 5 Grundgesetz)

- Artikel 5
  (1) Jeder hat das Recht, seine Meinung in Wort, Schrift
  und Bild frei zu äußern und zu verbreiten und sich aus
  allgemein zugänglichen Quellen ungehindert zu unter-
  richten. Die Pressefreiheit und die Freiheit der Bericht-
  erstattung durch Rundfunk und Film werden gewähr-
  leistet. Eine Zensur findet nicht statt.

  (2) Diese Rechte finden ihre Schranken in den Vor-
  schriften der allgemeinen Gesetze, den gesetzlichen
  Bestimmungen zum Schutze der Jugend und in dem
  Recht der persönlichen Ehre.

  (3) Kunst und Wissenschaft, Forschung und Lehre sind
  frei. Die Freiheit der Lehre entbindet nicht von der
  Treue zur Verfassung.

Urheberrechtsgesetz UrhG

Das Kommunikationsgrundrecht wird durch verschiedene Gesetze beschränkt. Am wichtigsten für uns ist das Urheberrechtsgesetz (UrhG). Im Urheberrecht geht es zum einen darum die Rechte der Urheber der Medien zu beachten, die Sie in
Ihrer Präsentation nutzen, zum anderen schaffen Sie ein neues
Werk, aus dem sich wiederum für Sie neue Urheberrechte ergeben. Die Urheberrechte müssen in kein Register oder ähn-
liches eingetragen werden. Sie ergeben sich automatisch aus
der Schaffung eines Werks.

Verwertungsrechte und Nutzungsrechte

Durch das Urheberrechtsgesetz sind die wirtschaftlich relevanten Verwertungsrechte und das Urheberpersönlichkeitsrecht geschützt. Die Verwertungsrechte kann der Urheber als Nutzungsrechte z.B. an Verlage oder auch Einzelpersonen abtreten. Das Urheberrecht selbst ist als Urheberpersönlichkeitsrecht nicht übertragbar.

Bei den Nutzungsrechten unterscheidet das Urheberrechtsgesetz auch die Nutzungsart. So kann z.B. die Nutzung eines Bildes in Printmedien erlaubt, die Nutzung diese Bildes in Digitalmedien aber untersagt sein. Beachten Sie deshalb immer bei der Nutzung eines Medienelements die zugehörige Lizenz. Dort ist rechtsverbindlich geregelt in welcher Weise Sie das Medium nutzen dürfen.

Nutzungsrecht und Nutzungsart (UrhG)

- § 31 Einräumung von Nutzungsrechten
  (1) Der Urheber kann einem anderen das Recht einräumen, das Werk auf einzelne oder alle Nutzungsarten zu nutzen (Nutzungsrecht). Das Nutzungsrecht kann als einfaches oder ausschließliches Recht sowie räumlich, zeitlich oder inhaltlich beschränkt eingeräumt werden.

  (2) Das einfache Nutzungsrecht berechtigt den Inhaber, das Werk auf die erlaubte Art zu nutzen, ohne dass eine Nutzung durch andere ausgeschlossen ist.

  (3) Das ausschließliche Nutzungsrecht berechtigt den Inhaber, das Werk unter Ausschluss aller anderen Personen auf die ihm erlaubte Art zu nutzen und Nutzungsrechte einzuräumen. Es kann bestimmt werden, dass die Nutzung durch den Urheber vorbehalten bleibt.

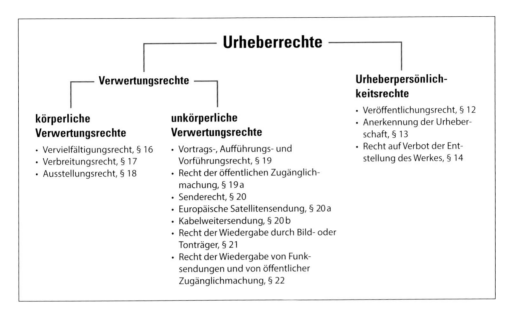

Urheberrechte

Verwertungsrechte

körperliche Verwertungsrechte
- Vervielfältigungsrecht, § 16
- Verbreitungsrecht, § 17
- Ausstellungsrecht, § 18

unkörperliche Verwertungsrechte
- Vortrags-, Aufführungs- und Vorführungsrecht, § 19
- Recht der öffentlichen Zugänglichmachung, § 19a
- Senderecht, § 20
- Europäische Satellitensendung, § 20a
- Kabelweitersendung, § 20b
- Recht der Wiedergabe durch Bild- oder Tonträger, § 21
- Recht der Wiedergabe von Funksendungen und von öffentlicher Zugänglichmachung, § 22

Urheberpersönlichkeitsrechte
- Veröffentlichungsrecht, § 12
- Anerkennung der Urheberschaft, § 13
- Recht auf Verbot der Entstellung des Werkes, § 14

Bearbeitung und Umgestaltung

Die Bearbeitung und Umgestaltung eines Werks dürfen Sie grundsätzlich nur mit Einwilligung des Urhebers durchführen. Im Recht zur Veröffentlichung unterscheidet das Urheberrecht zwei unterschiedliche Szenarien. Bei der Bearbeitung bzw. Umgestaltung eines Werks als abhängige Neuschöpfung muss der Urheber der Verwertung und der Veröffentlichung zustimmen. Dabei ist das ursprüngliche Werk noch erkennbar und gilt deshalb nicht als eigenständiges schützenswertes Werk.

Wenn das Originalwerk Ihnen nur als Anregung dient und das Ergebnis Ihrer Arbeit ein selbständiges unabhängiges Werk ist, dann steht Ihnen die Verwertung und Veröffentlichung frei. Die Arbeit steht dann als eigenes Werk unter dem Schutz des Urheberrechts.

links Bearbeitung, geringe Schöpfungshöhe

Zitate (UrhG)

- § 51 Zitate
Zulässig ist die Vervielfältigung, Verbreitung und öffentliche Wiedergabe eines veröffentlichten Werkes zum Zweck des Zitats, sofern die Nutzung in ihrem Umfang durch den besonderen Zweck gerechtfertigt ist. Zulässig ist dies insbesondere, wenn
1. einzelne Werke nach der Veröffentlichung in ein selbständiges wissenschaftliches Werk zur Erläuterung des Inhalts aufgenommen werden,
2. Stellen eines Werkes nach der Veröffentlichung in einem selbständigen Sprachwerk angeführt werden.

Stand- und Bewegtbilder nutzen

Panoramafreiheit

Die Panoramafreiheit besagt, dass Werke, die aus frei zugänglicher Perspektive vom öffentlichen Raum aus fotografiert sind öffentlich wiedergegeben werden dürfen. Bei Gebäuden gilt dies nur für die Außenansicht, Innenansichten unterliegen nicht der Panoramafreiheit.

Panoramafreiheit (UrhG)

- § 59 Werke an öffentlichen Plätzen
(1) Zulässig ist, Werke, die sich bleibend an öffentlichen Wegen, Straßen oder Plätzen befinden, mit Mitteln der Malerei oder Graphik, durch Lichtbild oder durch Film zu vervielfältigen, zu verbreiten und öffentlich wiederzugeben. Bei Bauwerken erstrecken sich diese Befugnisse nur auf die äußere Ansicht.

Recht am eigenen Bild

Das Recht am eigenen Bild ist ein Teil des Persönlichkeitsrechts. Im Kunsturhebergesetz (KuG) § 22 ist festgelegt, dass Bilder nur mit der Einwilligung des Abgebildeten verbreitet und veröffentlicht werden dürfen. Bei Minderjährigen müssen die gesetzlichen Vertreter einer Verbreitung oder Veröffentlichung zustimmen. Wenn Personen sich bewusst sind, dass sie fotografiert werden oder z.B. vor laufender Kamera Reporterfragen beantworten, dann wird von einer stillschweigend erteilten so genannten konkludenten Einwilligung ausgegangen. Dasselbe gilt auch für die Einstellung von Bildern in sozialen Netzwerken wie Facebook.

Eine Ausnahme vom Recht am eigenen Bild sind absolute Personen der Zeitgeschichte. Absolute Personen der Zeitgeschichte sind z.B. Politiker, Schauspieler oder Sportler. Bei ihnen besteht ein absolutes Informationsinteresse der Allgemeinheit. Die Ausnahmeregelung gestattet nicht die Verwendung des Bildes zu Werbezwecken oder eine entstellende Bearbeitung.

Personen, die nur zufällig mit im Bild sind gelten als Beiwerk. Sie müssen ebenfalls nicht um Erlaubnis gefragt werden.

Ministerpräsident Winfried Kretschmann, Gerlinde Kretschmann und Staatssekretär Klaus-Peter Muraski empfangen die Sternsinger
Quelle: Staatsministerium Baden-Württemberg

Reichstag in Berlin
Quelle: Autoren

Recht am eigenen Bild (KuG)

- § 22
  Bildnisse dürfen nur mit Einwilligung des Abgebildeten verbreitet oder öffentlich zur Schau gestellt werden. Die Einwilligung gilt im Zweifel als erteilt, wenn der Abgebildete dafür, daß er sich abbilden ließ, eine Entlohnung erhielt. Nach dem Tode des Abgebildeten bedarf es bis zum Ablaufe von 10 Jahren der Einwilligung der Angehörigen des Abgebildeten. Angehörige im Sinne dieses Gesetzes sind der überlebende Ehegatte oder Lebenspartner und die Kinder des Abgebildeten und, wenn weder ein Ehegatte oder Lebenspartner noch Kinder vorhanden sind, die Eltern des Abgebildeten.

- § 23
  (1) Ohne die nach § 22 erforderliche Einwilligung dürfen verbreitet und zur Schau gestellt werden:
  1. Bildnisse aus dem Bereiche der Zeitgeschichte;
  2. Bilder, auf denen die Personen nur als Beiwerk neben einer Landschaft oder sonstigen Örtlichkeit erscheinen;
  3. Bilder von Versammlungen, Aufzügen und ähnlichen Vorgängen, an denen die dargestellten Personen teilgenommen haben;
  4. Bildnisse, die nicht auf Bestellung angefertigt sind, sofern die Verbreitung oder Schaustellung einem höheren Interesse der Kunst dient.

  (2) Die Befugnis erstreckt sich jedoch nicht auf eine Verbreitung und Schaustellung, durch die ein berechtigtes Interesse des Abgebildeten oder, falls dieser verstorben ist, seiner Angehörigen verletzt wird.

Bilddatenbanken

Bilder aus Bilddatenbanken sind eine praktische und schnelle Art die passenden Bilder zu finden. Beachten Sie dabei immer die jeweiligen Nutzungsbedingungen. Als Beispiel die zeigen wir hier Bilddatenbank für Pressebilder der Firma Heidelberger Druckmaschinen AG und die Web-Bilddatenbank pixelio. Die Angaben über die Nutzungsrechte der Firma Heidelberger Druckmaschinen AG gelten für alle Bilder der Bilddatenbank. In der pixelio-Bilddatenbank sind Bilder mit unterschiedlichen Nutzungsrechten eingestellt. Bei der Bildersuche können Sie die

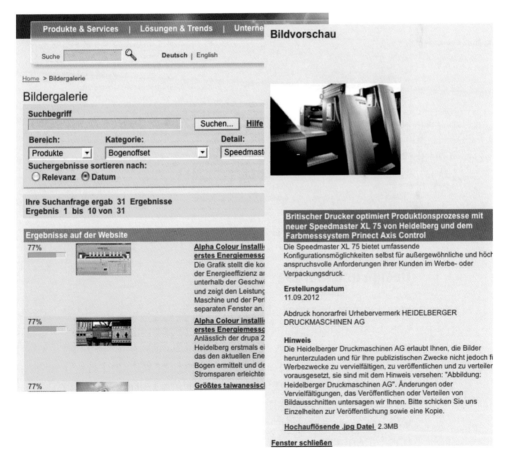

unterschiedlichen Nutzungsrechte als Suchkriterium einstellen. So erlaubt das eingeschränkte Bearbeitungsrecht, das Bildmaterial unter Verwendung analoger, digitaler oder sonstiger Bildbearbeitungsmethoden wie folgt zu bearbeiten:

- Änderung der Bildgröße (Vergrößerung, Verkleinerung, Beschneidung).
- Umwandlung der Farbinformationen
- Änderung der Farb-, Kontrast- und Helligkeitswert

Die Bildaussage darf durch die Bearbeitung nicht verändert werden. Größere Veränderungen müssen vom Urheber genehmigt werden.

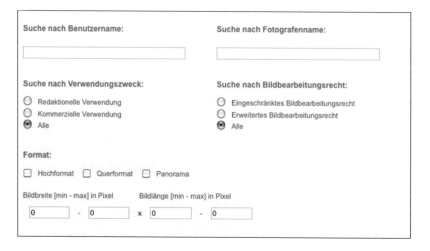

Design und Marken

Das Design von z.B. Logos, Web-Seiten oder Layouts sowie das Erscheinungsbild von Marken ist durch das Urheberrecht nur bedingt geschützt. Darüber hinausgehenden Schutz bieten das Geschmackmustergesetz (GeschmMG) und das Markengesetz (MarkenG). Es entsteht hier im Gegensatz zum Urheberrecht kein automatischer Schutz durch die Schaffung des Werks, sondern erst durch seine Anmeldung beim Marken- und Patentamt.

Geschmacksmuster (GeschmMG)

- § 2 Geschmacksmusterschutz
(1) Als Geschmacksmuster wird ein Muster geschützt, das neu ist und Eigenart hat.

(2) Ein Muster gilt als neu, wenn vor dem Anmeldetag kein identisches Muster offenbart worden ist. Muster gelten als identisch, wenn sich ihre Merkmale nur in unwesentlichen Einzelheiten unterscheiden.

(3) Ein Muster hat Eigenart, wenn sich der Gesamteindruck, den es beim informierten Benutzer hervorruft, von dem Gesamteindruck unterscheidet, den ein anderes Muster bei diesem Benutzer hervorruft, das vor dem Anmeldetag offenbart worden ist. Bei der Beurteilung der Eigenart wird der Grad der Gestaltungsfreiheit des Entwerfers bei der Entwicklung des Musters berücksichtigt.

Marke (MarkenG)

- § 3 Als Marke schutzfähige Zeichen
(1) Als Marke können alle Zeichen, insbesondere Wörter einschließlich Personennamen, Abbildungen, Buchstaben, Zahlen, Hörzeichen, dreidimensionale Gestaltungen einschließlich der Form einer Ware oder ihrer Verpackung sowie sonstige Aufmachungen einschließlich Farben und Farbzusammenstellungen geschützt werden, die geeignet sind, Waren oder Dienstleistungen eines Unternehmens von denjenigen anderer Unternehmen zu unterscheiden.

Alternative Lizenzmodelle

Jeder Urheber kann für sein Werk einem Nutzer bestimmte Rechte einräumen. Im klassischen Urheberrecht geschieht dies durch einen individuellen Vertrag zwischen dem Urheber und dem Rechteverwerter oder Nutzer. Darüber hinaus wurden für die digitale Welt verschiedene alternative Lizenzmodelle entwickelt.

Public Domain

Public Domain bedeutet auf deutsch Gemeinfreiheit. Werke mit dieser Lizenz unterliegen keinerlei urheberrechtlichen Beschränkungen. Es sind Werke, bei denen entweder die urheberrechtlichen Schutzfristen abgelaufen sind oder für die der Urheber ausdrücklich die Gemeinfreiheit erklärt hat. Damit liegen in Deutschland die unveräußerbaren Urheberrechte natürlich immer noch beim Urheber des Werks. Es wurden nur sämtliche Nutzungsrechte freigegeben.

Freie Software

Freie Software wird oft auch als Open Source Software bezeichnet. Die ist allerdings nicht korrekt. Open Source meint nur, dass der Quelltext der Software offen liegt und von jedermann studiert werden kann. Nur Software mit der Public Domain Lizenz ist tatsächlich in allen Bereichen frei zu nutzen. Bei Software mit einer anderen Lizenz lesen und akzeptieren Sie vor der Nutzung die Lizenzvereinbarungen in der Ihre Rechte als Nutzer festgelegt sind.

Copyleft

Copyleft ist ein Lizenzmodell bei dem im Gegensatz zum Copyright die Freiheit des Nutzers nicht eingeschränkt, sondern ausdrücklich garantiert wird. Das Copyleft-Logo ist ein vertikal gespiegeltes Copyright-Zeichen. Die am weitesten verbreitete Copyleft-Lizenz ist die GNU General Public Licence (GLP).

Nähere Informationen finden Sie unter www.gnu.org. Werke oder auch Software, die mit Copyleft lizensiert sind, können frei genutzt werden. Alle darauf basierenden modifizierten oder erweiterten Werke müssen auch frei sein.

Creative Commons

Creativ Commons ist eine 2001 in den USA gegründete gemeinnützige Organisation. Ein wichtiges Ziel ist die Erhaltung des freien Austauschs von Inhalten im Internet ohne die Rechte der Urheber zu verletzen. Creative Commons bietet dazu modular aufgebaute Lizenzverträge an mit den der Urheber abgestufte Rechte an seinem Werk vergeben kann. Die vier wichtigsten kombinierbaren Lizenzelemente sind:

Unter http://creativecommons.org/choose/ können Sie mit einem Online-Tool einen individuellen Lizenzvertrag für Ihr Werk zusammenstellen.

Farbe

Lassen Sie sich auf die Farbe ein, versuchen Sie die Emotionen mit Worten zu beschreiben.

Farbwirkung

Farben lösen immer Empfindungen und Gefühle in uns aus. Diese Wirkung der Farben ist aber nicht angeboren, sondern sie wird durch unsere Erfahrungen und unser kulturelles Umfeld bestimmt.

Welche Farbe hat die Liebe? Welche Farbe hat die Gefahr? Welche Farbe hat der Sommer?

Viele Menschen werden auf alle drei Fragen gleich antworten: ROT. Wie kann es sein, dass eine Farbe mit so unterschiedlichen Dingen assoziiert wird? Es gibt eben nicht die Farbe zu der bestimmten Emotion. Wir verbinden mit jeder Farbe viele unterschiedliche Erfahrungen und damit auch Empfindungen. Welche Wirkung eine Farbe in einer konkreten Situation hat, wird immer durch den Kontext, durch die sie umgebenden Farben bestimmt.

Farben machen das Design Ihrer Präsentation visuell interessanter. Sie gliedern und geben den Inhalten unterschiedliche Bedeutung. Ein roter Text inmitten von schwarzen Buchstaben gewinnt die Aufmerksamkeit des Betrachters sicherlich stärker als Text in Dunkelblau.

Die Farben sind in Ihrer Präsentation also nicht Selbstzweck, sondern gestalterisches Mittel, Ihre Botschaft dem Publikum besser verständlich zu machen. Aber wie viele und welche Farben setzen Sie ein? Im Folgenden wollen wir versuchen, Ihnen darauf eine Antwort zu geben.

Harmonie und Spannung

Gleichabständige Farbkombinationen

Harmonische und zugleich spannende Farbkombinationen erzielen Sie durch die Wahl gleichabständiger Farben aus dem Farbkreis. Sie können aus einem zwölfteiligen Farbkreis harmonische Drei- oder Vierklänge auswählen. Für Kombinationen mit mehr Farben müssen Sie den Farbkreis weiter unterteilen.

Nebeneinanderliegende Farbkombinationen

Im Farbkreis nebeneinanderliegende Farben ergeben ein Ton-in-Ton-Farbschema. Achten Sie darauf, dass die Farben vom Betrachter visuell klar unterscheidbar sind. Nur so erfüllen die

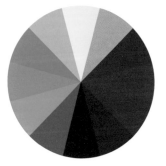 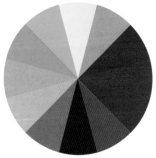 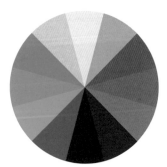

12-teiliger Farbkreis   *warme Farben*   *kalte Farben*

Farben den Zweck der Gliederung und Hervorhebung einzelner Designbereiche.

Wärmere Farben, Gelb, Orange und Rot, wirken freundlich und vermitteln Nähe. Kältere Farben aus dem blauen Teil des Farbkreises wirken sachlich und distanziert. Setzen Sie die dunkleren Farben Ihres Farbschemas zur Hervorhebung ein. Die helleren unterstützen den Inhalt.

Variation der Sättigung und Helligkeit eines Farbtons

Die Aufmerksamkeit des Betrachters gewinnen Sie mit gesättigten Farben. Diese haben einen starken Signalcharakter, überlagern damit aber häufig den eigentlichen Inhalt. Setzen Sie deshalb im sachlichen inhaltsbezogenen Design Ihrer Präsentation gesättigte Farben nur sehr sparsam als Akzent oder Auszeichnung ein.

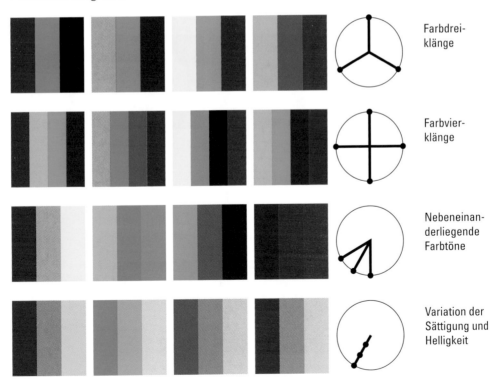

Farbdrei-
klänge

Farbvier-
klänge

Nebeneinan-
derliegende
Farbtöne

Variation der
Sättigung und
Helligkeit

Farbkontraste

Farben wirken nie für sich, sondern immer in Beziehung zu ihrer Umgebung. Diese Beziehung der Farben nennt man Farbkontrast. Die drei bedeutendsten Kontraste sind der Komplementärkontrast, der Simultankontrast und der Warm-kalt-Kontrast. Gerade für die Lesbarkeit von Schrift sind Farbkontraste von großer Bedeutung.

Komplementärkontrast

Komplementärfarben sind Farbenpaare, die in der Mischung Unbunt ergeben. Sie liegen sich im Farbkreis gegenüber. Zusätzlich zum Komplementärkontrast treten meist noch der Hell-Dunkel-Kontrast und ein Flimmerkontrast auf. Das Farbflimmern können Sie verhindern, wenn Sie die Farben aufhellen oder abdunkeln.

Simultankontrast

Der Simultankontrast ist der Farbkontrast, der die Farbwirkung einer Farbe in ihrem Umfeld beschreibt. Er ist somit praktisch immer und überall wirksam. Die Farben verändern durch die Umgebungsfarbe Ihre subjektive Farbwahrnehmung.

Warm-kalt-Kontrast

Die Wirkung des Warm-kalt-Kontrastes geht über das rein visuelle Farbempfinden hinaus. Ob eine Farbe als warm oder als kalt empfunden wird, ist u.a. Gegenstand der Farbpsychologie. Die Farben von Gelb bis Rot gelten als warme Farben, die Farben von Grün bis Blau als kalte Farben.

Farbpalette – Farbschema

Verwenden Sie Farben sparsam. Der Betrachter kann nur maximal fünf Farben auf einmal erfassen. Verwenden Sie besser drei oder vier Farben. Diese genügen vollkommen, um in Ihrer Präsentation die farblichen Akzente zu setzen.

Der Einsatz der Farben und damit die Hervorhebung einzelner Bereiche erfolgt nach der Wertigkeit. Wählen Sie für wichtige Teile des Designs, z.B. Überschriften, eine auffallende Farbe. Für weniger wichtige Bereiche oder große Flächen nehmen Sie eine hellere meist weniger gesättigte Farbe oder ein neutrales helleres Grau. Große weiße Flächen mit Schrift oder Grafik sind in der Projektion für den Leser sehr anstrengend.

Wechseln Sie in Ihrer Präsentation nicht die Farbe für ein Element. Der Hintergrund bleibt grau, die Überschrift bleibt z.B. rot. Sie sollten die interessanten Inhalte Ihrer Präsentation nicht durch ein sich änderndes Farbenspiel überlagern. Bleiben Sie bei dem gewählten Farbschema. Sie verbessern damit die Orientierung ihres Publikums.

Farben bewerten und auswählen

Die Wahl der Farben ist von verschiedenen Faktoren abhängig. Im Mittelpunkt steht natürlich der Inhalt und die Zielsetzung Ihrer Präsentation. Daneben sind es aber auch technische Einflussgrößen, die die Farbwahl beeinflussen. Die folgenden Fragen und die Tabelle zur Erstellung eines Polaritätsprofils helfen Ihnen bei der Farbwahl:

- Welche Kommunikationsziele habe ich mit meiner Präsentation?
- Wer ist meine Zielgruppe?
- Welchen Inhalt hat meine Präsentation?
- Welche Medien setze ich ein?
- Welchen Umfang hat meine Präsentation?
- Wie viele Teile hat meine Präsentation?
- Welche Vorgaben habe ich für die Farbwahl?
- Wie sind die Lichtverhältnisse bei meiner Präsentation?

	++	+	0	–	– –	
sachlich						verspielt
dynamisch						statisch
eng						weit
jung						alt
aktiv						passiv
modern						altmodisch
angemessen						unpassend
fröhlich						traurig
agressiv						entspannt
ruhig						aufgeregt
emotional						sachlich
warm						kalt

Farben anwenden

Wir möchten Ihnen nach der allgemeinen Darstellung der Farben an einem Beispiel jeweils eine gelungene und eine weniger gelungene Umsetzung zeigen.

Briefing

Die Zielgruppe der Präsentation sind Teilnehmer eines Seminars zur politischen Bildung, Frauen und Männer mittleren Alters mit höherer Schulbildung.

Das Folienbeispiel ist Teil einer Präsentation mit dem Titel „Deutschland in Zahlen". Das Zahlenmaterial stammt aus dem Statistischen Jahrbuch 2012 des Statistischen Bundesamtes. Die Folie zeigt die nach den Einwohnerzahlen zehn größten Städte Deutschlands. Der Fokus liegt dabei auf Stuttgart.

Die einzige Variable in den Folienbeispielen ist die Farbe. Das Layout und die Schrift bleiben unverändert.

Farbharmonie

Die Auswahl der Farben sind Teil der Botschaft. Wichtig sind dabei eine klare farbliche Gliederung und Farben, die in Ihrer Anmutung den Inhalt der Präsentation stützen.

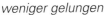

weniger gelungen

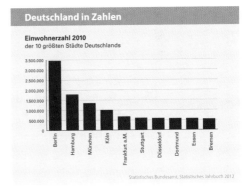

gelungen

Im linken Beispiel sind die Farben nach den Regeln eines klassischen Farbvierklangs ausgewählt. Die vier Farben sind in Ihrer Farbwirkung ungefähr gleichwertig und erzielen deshalb keine eindeutige Gewichtung der Folienelemente. Das bunte Erscheinungsbild unterstützt nicht die klaren Aussage der Bevölkerungsstatistik.

Das rechte Beispiel variiert Sättigung und Helligkeit eines Blautons. Blau wirkt auf den Betrachter sachlich und neutral. Dies entspricht dem Inhalt der Folie. Die Gewichtung der Folienelemente wird alleine durch die Abstufung der Farbkraft erreicht.

Farbkontrast

Der Blick des Betrachters wird durch den farblichen Kontrast auf die wesentlichen Sachverhalte gelenkt.

weniger gelungen

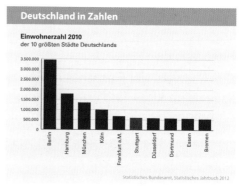

gelungen

Der Fokus liegt auf Stuttgart. Mit der kontrastierenden Farbe wird dies für den Betrachter auf einen Blick erkennbar. Durch die Beschränkung auf zwei Farbtönen im rechten Beispiel ist hier die Wirkung wesentlich größer. Im linken Beispiel haben wir nur eine weitere Farbfläche.

Farbschema

Die Auswahl und Abstufung der Farben der Folienelemente soll in der Wahrnehmung des Betrachters der Wertigkeit entsprechen.

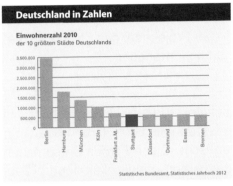

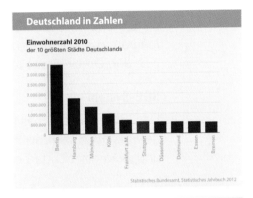

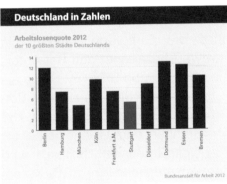

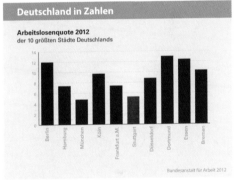

weniger gelungen *gelungen*

Das Farbschema gibt dem Betrachter Orientierung. Gleichbleibende Elemente behalten ihre Farbe bei. In den linksstehenden Folien ist dieses Prinzip nicht eingehalten worden. Die rechten Folie folgen dem Farbschema der Präsentation.

Bewertung

Fazit

Bei der Foliengestaltung verbindet erst ein klares und stimmiges Farbschema die Wirkung von Farbharmonie und Farbkontrast mit dem Inhalt und Kommunikationsziel der Präsentation.

Technische Farbe

Bei der technischen Umsetzung von Farben unterscheiden wir das RGB-System und das CMYK-System. Beide Systeme sind technische Farbmodelle zur Darstellung von Farben in unterschiedlichen Medien. Das RGB-System steuert die Farbdarstellung auf dem Monitor und in der Projektion, das CMYK-System z.B. den Druck Ihrer Präsentationsunterlagen.

RGB-System

Das RGB-System basiert auf der additiven Farbmischung. In der additiven Farbmischung werden die Grundfarben Rot, Grün und Blau als Lichtfarben gemischt. Diese Farben entsprechen der Farbempfindlichkeit der drei Zapfenarten des menschlichen Auges.

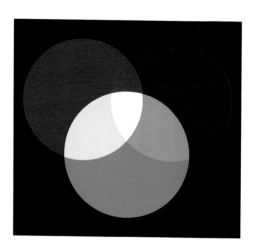

Die Farben werden im RGB-System durch drei Farbwerte definiert. Ein Farbwert bezeichnet den Rot-Anteil, ein Farbwert den Grün-Anteil und ein Farbwert den Blau-Anteil. Für Rot, Grün und Blau gibt es jeweils 256 Abstufungen: von 0 (keine Farbe) bis 255 (volle Intensität). Schwarz wird dementsprechend im RGB-System mit Rot: 0, Grün: 0 und Blau: 0 erzeugt. Die Darstellung von Rot erreichen Sie mit den Farbwerten Rot: 255, Grün: 0 und Blau: 0. Da jeder der 256 Rotwerte mit jedem der 256 Grün- und 256 Blauwerten kombiniert werden kann, sind im RGB-System 16.777.216 Farben darstellbar.

Die technische Wiedergabe der Farben ist von den Softwareeinstellungen und den Hardwarekomponenten abhängig. Dadurch können sich die Farben bei den gleichen RGB-Farbwerten in der Monitordarstellung und der Beamerprojektion teilweise stark unterscheiden.

CMYK-System

Das CMYK-System basiert auf der subtraktiven Farbmischung. In der subtraktiven Farbmischung werden Körperfarben gemischt. Körperfarben sind alle Farben, die nicht selbst leuchten, sondern erst durch die Beleuchtung mit Licht sichtbar werden.

Alle Druckverfahren, Laserdrucker und Tintenstrahldrucker arbeiten nach dem Prinzip der subtraktiven Farbmischung. Die Grundfarben der subtraktiven Farbmischung sind Cyan, Gelb und Magenta. Zur Verbesserung des Kontrastes und zur Textdarstellung wird zusätzlich noch Schwarz als vierte Farbe gedruckt. Es gibt Tintenstrahldrucker, die noch mit weiteren Farben arbeiten. Dadurch wird die Zahl der druckbaren Farben und Farbnuancen erhöht.

Sie müssen Ihre Präsentationsdateien vor dem Ausdruck nicht in das CMYK-System bzw. den CMYK-Farbmodus konvertieren. Dies erledigt der Druckertreiber beim Ausdruck automatisch und für den Druckprozess optimiert.

Die Farbwirkung einer Körperfarbe ist von den Farbpigmenten und der Art der Beleuchtung abhängig. Dies kann dazu führen, dass die Farben des Ausdrucks Ihrer Präsentationsunterlagen oder der Farbfolien für den OH-Projektor sich je nach verwendetem Drucker und der Raumbeleuchtung unterscheiden.

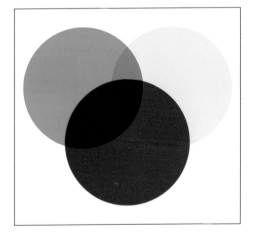

Cyan	100	Cyan	0	Cyan	0
Magenta	0	Magenta	100	Magenta	0
Yellow	0	Yellow	0	Yellow	100

Cyan	0	Cyan	100	Cyan	100
Magenta	100	Magenta	0	Magenta	100
Yellow	100	Yellow	100	Yellow	0

Farbauswahl und Farbwerte

Notieren Sie sich für Ihr Farbschema die jeweiligen RGB-Werte der Farben, damit Sie auf allen Folien immer die exakt gleichen Farben für die Elemente verwenden. Auch leichte Farbunterschiede fallen dem Betrachter auf und wirken unprofessionell.

Farbatlas

Wir haben einen kompakten Farbatlas mit Farbmustern und den zugehörigen RGB-Werten zusammengestellt. In den vier Reihen auf dieser Seite mit den Farben aus dem 12-teiligen Farbkreis jeweils in 2 Stufen abgedunkelt bzw. aufgehellt. Die sieben Zeilen auf der nächsten Seite zeigen Grauvariationen in verschiedenen Abstufungen mit der Tönung in den Grundfarben. Damit erhalten Sie 130 Farbtöne als gute Basis für die Auswahl der Farben in Ihrer Präsentation.

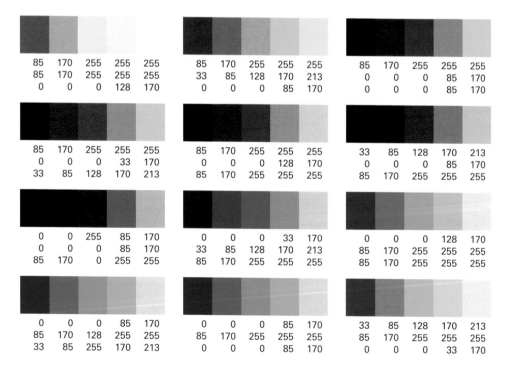

85	170	255	255	255		85	170	255	255	255		85	170	255	255	255
85	170	255	255	255		33	85	128	170	213		0	0	0	85	170
0	0	0	128	170		0	0	0	85	170		0	0	0	85	170

85	170	255	255	255		85	170	255	255	255		33	85	128	170	213
0	0	0	33	170		0	0	0	128	170		0	0	0	85	170
33	85	128	170	213		85	170	255	255	255		85	170	255	255	255

0	0	255	85	170		0	0	0	33	170		0	0	0	128	170
0	0	0	85	170		33	85	128	170	213		85	170	255	255	255
85	170	0	255	255		85	170	255	255	255		85	170	255	255	255

0	0	0	85	170		0	0	0	85	170		33	85	128	170	213
85	170	128	255	255		85	170	255	255	255		85	170	255	255	255
33	85	255	170	213		0	0	0	85	170		0	0	0	33	170

0	51	102	153	204	160	187	204	221	238
0	51	102	153	204	160	187	204	221	238
0	51	102	153	204	160	187	204	221	238

0	51	102	153	204	160	187	204	221	238
0	51	102	153	204	160	187	204	221	238
0	102	153	204	255	187	204	221	221	255

0	51	102	153	204	160	187	204	221	238
0	102	153	204	255	187	204	221	238	255
0	51	102	153	204	160	187	204	221	238

0	102	153	204	255	187	204	221	238	255
0	51	102	153	204	160	187	204	221	238
0	51	102	153	204	160	187	204	221	238

0	102	153	204	255	187	204	221	238	255
0	102	153	204	255	187	204	221	238	255
0	51	102	153	204	160	187	204	221	238

0	102	153	204	255	187	204	221	238	255
0	51	102	153	204	160	187	204	221	238
0	102	153	204	255	187	204	221	238	255

0	51	102	153	204	160	187	204	221	238
0	102	153	204	255	187	204	221	238	255
0	102	153	204	255	187	204	221	238	255

Adobe Kuler

Kuler ist ein Online-Tool (https://kuler.adobe.com) von Adobe zur einfachen und intuitiven Farbauswahl. Das Portal bietet dazu verschiedene Optionen an.

Sie können Farbpaletten aus der weltweiten Kuler-Community verwenden.

Eigene Farbpaletten stellen Sie interaktiv über ein Farbrad und die Farbregler zusammen. Dazu wählen Sie zunächst eine Basisfarbe A und dann das Auswahlschema B.

Farbschema
Basisfarbe
und Aus-
wahlschema

Eine Besonderheit ist die Möglichkeit durch Farbextraktion ein Farbschema direkt aus einem Bild heraus zu erstellen. Laden Sie dazu ein Bild in Kuler hoch A und wählen Sie dann interaktiv die Farben für Ihr Farbschema aus B.

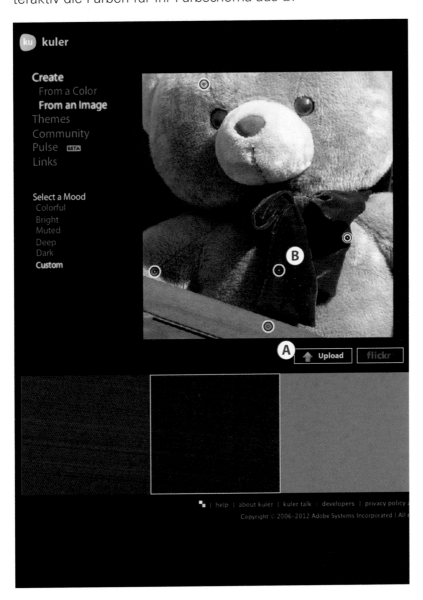

Farbschema
Farbextraktion aus einem Bild

Farbschema – Farbklima in der Praxis

Das Farbklima ist ein wichtiger Teil des Corporate Designs einer Firma, einer Organisation oder eines Landes. Die Farbidentität und der Wunsch nach Wiedererkennung führen zu einem klar definierten Farbcode, in dem die Zuordnung der einzelnen Farben geregelt ist. Die Definition der Farben ist im Allgemeinen zusammen mit den anderen visuellen Gestaltungsregeln wie z.B. der Schrift und dem Layout im Styleguide festgelegt.

Farbschema der Bundesregierung

http://
styleguide.
bundesregie-
rung.de

„Das Farbspektrum ist für die Themenvielfalt der Bundesregierung optimiert und wird einer breiten Zielgruppe gerecht. Leuchtende Farben, die den Schwerpunkt des Farbspektrums bilden, erzeugen eine positive Stimmung, während wenige gedeckte Farben Seriosität und Glaubwürdigkeit vermitteln."

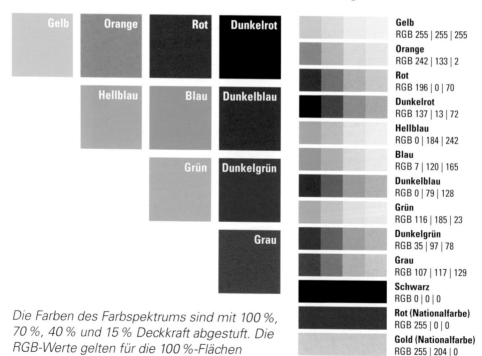

Gelb	RGB 255 | 255 | 255
Orange	RGB 242 | 133 | 2
Rot	RGB 196 | 0 | 70
Dunkelrot	RGB 137 | 13 | 72
Hellblau	RGB 0 | 184 | 242
Blau	RGB 7 | 120 | 165
Dunkelblau	RGB 0 | 79 | 128
Grün	RGB 116 | 185 | 23
Dunkelgrün	RGB 35 | 97 | 78
Grau	RGB 107 | 117 | 129
Schwarz	RGB 0 | 0 | 0
Rot (Nationalfarbe)	RGB 255 | 0 | 0
Gold (Nationalfarbe)	RGB 255 | 204 | 0

Die Farben des Farbspektrums sind mit 100 %, 70 %, 40 % und 15 % Deckkraft abgestuft. Die RGB-Werte gelten für die 100 %-Flächen

Auf dieser Seite möchten wir Ihnen drei Beispiele für die freie themenbezogene Farbauswahl zeigen.

Sport

dynamisch, jung, gesund, leistungs-
orientiert, freudig

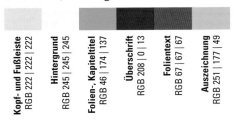

| Kopf- und Fußleiste RGB 222 \| 222 \| 222 | Hintergrund RGB 245 \| 245 \| 245 | Folien-, Kapiteltitel RGB 46 \| 174 \| 137 | Überschrift RGB 208 \| 0 \| 13 | Folientext RGB 67 \| 67 \| 67 | Auszeichnung RGB 251 \| 177 \| 49 |

Folien-, Kapeltitel

Überschrift

Folientext
Folientext
Folientext
Folientext
Folientext

Fußzeile

Technik

kompetent, zukunftsorieniert, sachlich, modern

| Kopf- und Fußleiste RGB 177 \| 177 \| 177 | Hintergrund RGB 245 \| 245 \| 245 | Folien-, Kapiteltitel RGB 124 \| 124 \| 124 | Überschrift RGB 208 \| 0 \| 13 | Folientext RGB 67 \| 67 \| 67 | Auszeichnung RGB 251 \| 177 \| 49 |

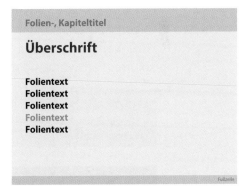

Folien-, Kapeltitel

Überschrift

Folientext
Folientext
Folientext
Folientext
Folientext

Fußzeile

Natur

ökologisch, nachhaltig, bodenstän-
dig, erholsam

| Kopf- und Fußleiste RGB 166 \| 206 \| 80 | Hintergrund RGB 247 \| 255 \| 232 | Folien-, Kapiteltitel RGB 124 \| 124 \| 124 | Überschrift RGB 23 \| 28 \| 114 | Folientext RGB 48 \| 48 \| 48 | Auszeichnung RGB 202 \| 134 \| 26 |

Folien-, Kapeltitel

Überschrift

Folientext
Folientext
Folientext
Folientext
Folientext

Farbige Schrift

Wie alle Elemente auf Ihren Folien oder anderen Präsentationsmedien muss auch die Auswahl und Verwendung von Farben
für Ihre Texte immer dem Erreichen Ihres Kommunikationsziels
dienen.

Farbe und Kontrast

Die Lesbarkeit ist der zentrale Punkt bei der Verwendung von
Schrift. Sie wird wesentlich durch den optischen Kontrast von
Schriftfarbe und Hintergrundfrabe beeinflusst. Die beste Wirkung erzielen Sie bei ausreichender Helligkeitsdifferenz zwischen Schriftfarbe und Hintergrundfarbe. Sehr starke Hellig-
keitsunterschiede oder Farbkontraste sind für das Auge des
Betrachters sehr anstrengend. Verwenden Sie deshalb keine
reinen Farben, sondern wählen Sie für das Auge angenehme
Helligkeits- und Farbunterschiede. Leider gibt hierfür keine ab-
soluten Farbwerte. Testen Sie verschiedene Kombinationen.

Lesbarkeit ist alles! Lesbarkeit ist alles! Lesbarkeit ist alles!	**Lesbarkeit ist alles!** Lesbarkeit ist alles! Lesbarkeit ist alles!
Lesbarkeit ist alles! Lesbarkeit ist alles! Lesbarkeit ist alles!	**Lesbarkeit ist alles!** Lesbarkeit ist alles! Lesbarkeit ist alles!
Lesbarkeit ist alles! Lesbarkeit ist alles! Lesbarkeit ist alles!	**Lesbarkeit ist alles!** Lesbarkeit ist alles! Lesbarkeit ist alles!
Lesbarkeit ist alles! Lesbarkeit ist alles! Lesbarkeit ist alles!	**Lesbarkeit ist alles!** Lesbarkeit ist alles! Lesbarkeit ist alles!

weniger gelungen   *gelungen*

Die drei linken oberen Felder zeigen jeweils einen Komplementärkontrast zwischen Schrift- und Hintergrundfarbe. Bei den oberen beiden Felder ist die Helligkeit etwa gleich groß. Dadurch entsteht eine Flimmerwirkung, die die Lesbarkeit stark vermindert. In den unteren linken beiden Beispielen ist der Helligkeitsunterschied so groß, dass es Überstrahlungen gibt, die die Lesbarkeit ebenfalls negativ beeinflussen.

Bei den rechten Beispielen ist die Helligkeit und Farbsättigung reduziert. Als Ergebnis zeigen alle vier Felder eine gute Lesbarkeit der Schrift.

Bewertung

Farbe und Aussage

Die Schrift- und Hintergrundfarben sind Teil des Farbklimas Ihrer Präsentation. Neben der Stimmigkeit des Themas der Präsentation und den Farben müssen Sie bei der Zuordnung der Schriftfarben die Wertigkeit der verschiedenen Textebenen beachten. Dabei gilt die allgemeine Regel, je wichtiger ein Text, desto optisch auffälliger ist seine Schriftfarbe.

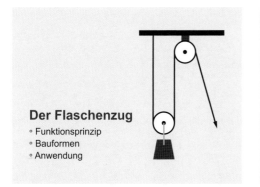

weniger gelungen   *gelungen*

In der rechten Folie haben die Überschrift und die technische Zeichnung dieselbe Farbe. Dadurch ist die Zuordnung für den Betrachter eindeutig. Auch die Wertigkeit und die Zusammengehörigkeit der drei Unterpunkte ist durch ihre eigene Farbe klar erkennbar.

Bewertung

Schrift

Weniger ist mehr

Sie kennen dies: Präsentationen mit langen Aufzählungslisten mit Text auf jeder Folie. Spätestens nach der dritten Folie ist das Publikum müde!

Auf Text werden Sie in Ihren Präsentationen kaum verzichten können. Beachten Sie jedoch, dass *Sie* es sind, der mit Worten kommuniziert und nicht Ihr Präsentationsmedium. Die Präsentation dient Ihnen und Ihrem Publikum zur *visuelle Unterstützung* der Sprache. Dabei sind Bilder, Grafiken, Farben und Animationen wesentlich eindrucksvoller als Text.

Leider werden immer noch häufig Präsentationen gezeigt, die viel zu viel Text enthalten. Der Zuhörer muss sich dann zwangsläufig entscheiden, ob er zuhören oder den Text lesen soll. Beides geht nicht, es sei denn, der Text wird abgelesen. Dies macht die Sache aber nicht besser!

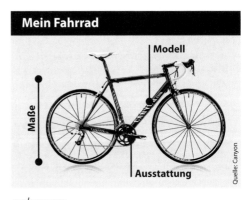

Mein Fahrrad

- Marke: Canyon
- Modell: Roadlite AL 7.0
- Rahmenhöhe: 56 cm
- Farbe: black
- Schaltwerk: Shimano Ultegra
- Bremsen: Shimano Ultegra
- Felgen: Marvic
- Gabel: Canyon One
- Vorbau: Ritchey
- Gewicht: 7,95 kg

Quelle: Canyon

Mein Fahrrad

Modell

Maße

Ausstattung

Quelle: Canyon

weniger gelungen   *gelungen*

Bewertung Auf der linken Folie steht alles, was gesagt werden könnte. Wozu ist der Präsentator überhaupt da? Um vorzulesen? Das Publikum käme sich blöd vor. Im linken Beispiel bleibt alles offen. Das Publikum *muss* zuhören, um Informationen zu erhalten. Die wenigen Schlagworte, ergänzt durch das große Foto, dienen zur Veranschaulichung und unterstützen den Vortragenden, ohne ihn zu ersetzen.

Schriften bewerten und auswählen

Lesen Sie die Schriftbeispiele: Was stimmt hier nicht?

Kindergarten	Straßenbau	**Gasthaus Adler**
Blumenladen	Werbeagentur	*Zeitungsartikel*

Sie werden sofort festgestellt haben, dass Schriftcharakter und inhaltliche Aussage des Textes oben nicht zusammenpassen: Eine Werbeagentur würde keine altmodisch wirkende (Fraktur-) Schrift wählen, für den Straßenbau eignet sich keine feine und schmale Schrift, ein Zeitungsartikel in einer Schreibschrift wäre nicht lesbar usw. Eine gut gewählte Schrift stellt einen optischen Bezug zum Inhalt her. Durch Tausch der Schriften erhalten wir eine deutlich bessere Lösung:

Bewertung

Kindergarten	**Straßenbau**	Gasthaus Adler
Blumenladen	Werbeagentur	Zeitungsartikel

Matrix zur Auswahl und Bewertung von Schriften

	++	+	0	–	– –	
seriös						kindisch
interessant						langweilig
leserlich						unleserlich
elegant						billig
zeitgemäß						altmodisch
ausgeglichen						unruhig
passend (zum Thema)						ungeeignet
ansprechend						unangenehm
schlicht						übertrieben

Lesbarkeit

Neben dem Schriftcharakter ist eine optimale Lesbarkeit das oberste Gebot für die Verwendung einer Schrift. Die Schrift einer Präsentation muss von jedem Platz im Raum lesbar sein – auch aus der hintersten Reihe.

Schriftgröße

In vielen Büchern über Präsentationen steht, dass die Schrift groß genug sein muss, um überall lesbar zu sein. Was aber heißt „groß genug"?

Die Frage ist nicht pauschal zu beantworten, denn sie hängt von zwei Faktoren ab:

- Raumgröße
- Größe der Projektionsfläche

Zur Beantwortung dieser Frage brauchen wir den Strahlensatz aus der Physik: Betrachten wir einen Monitor mit einer Breite von 30 cm (0,3 m). Wenn wir vor diesem Monitor im Abstand

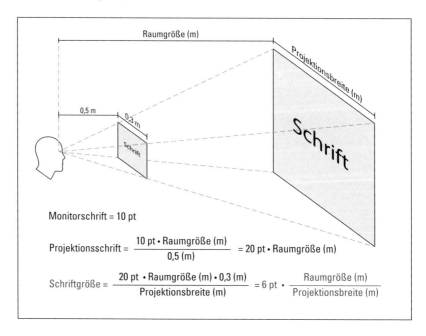

$$\text{Monitorschrift} = 10 \text{ pt}$$

$$\text{Projektionsschrift} = \frac{10 \text{ pt} \cdot \text{Raumgröße (m)}}{0,5 \text{ (m)}} = 20 \text{ pt} \cdot \text{Raumgröße (m)}$$

$$\text{Schriftgröße} = \frac{20 \text{ pt} \cdot \text{Raumgröße (m)} \cdot 0,3 \text{ (m)}}{\text{Projektionsbreite (m)}} = 6 \text{ pt} \cdot \frac{\text{Raumgröße (m)}}{\text{Projektionsbreite (m)}}$$

von 50 cm (0,5 m) sitzen, dann können wir eine Schrift in 10 pt sehr gut lesen. Um die Schrift aus größerem Abstand lesen zu können, muss sie vergrößert werden, bei doppeltem Abstand um das Doppelte, bei zehnfachem Abstand um das Zehnfache.

Um die für diese Projektion erforderliche Schriftgröße berechnen zu können, betrachten wir das Verhältnis von Monitorbreite (0,3 m) zur Projektionsbreite. Insgesamt ergibt sich die Formel:

1 pt = 0,3528 mm

$$\text{Schriftgröße} = 6\ \text{pt} \cdot \frac{\text{Raumgröße in m}}{\text{Projektionsbreite in m}}$$

Schriftgröße in pt	Breite der Projektionsfläche in m				
	2	2,5	3	3,5	4
5	15	12	10	8,6	7,5
7,5	22,5	18	15	12,8	11,2
10	30	24	20	17,1	15
12,5	37,5	30	25	21,4	18,7
15	45	36	30	25,7	22,5
20	60	48	40	34,2	30
25	75	60	50	42,8	37,5
30	90	72	60	51,4	45

(Raumgröße in m)

Beispiele:
- Bei einer Raumgröße von 10 m und einer Projektionsbreite von 2 m ist eine Schriftgröße von 30 pt erforderlich, damit die projizierte Schrift so groß erscheint wie eine 10-pt-Schrift auf dem Monitor.
- Die Schriftgröße von 30 pt ergibt sich auch, wenn der Raum doppelt so groß ist (20 m), die Projektionsbreite aber auch doppelt so groß ist (4 m).

- Die Schriftgröße muss auf 40 pt vergrößert werden, wenn die Leinwand im 20-m-Raum nur 3 m breit ist.

Zur Einstellung der korrekten Schriftgröße sollten Sie also die Abmessungen des Raums und der Projektionswand kennen. Ist die Besichtigung des Raums nicht möglich, dann müssen Sie eine Mindestgröße annehmen, in einem Klassenzimmer z.B. 10 m. Bei einer Projektionsfläche von 2,50 Breite ergibt sich eine erforderliche Schriftgröße von 24 pt.

Zeilenabstand

Schrift ↓
grund ᶻᴬᴮ
linie ↑

Der Zeilenabstand (ZAB) ist der Abstand zwischen zwei Schriftgrundlinien. Er beträgt standardmäßig 120 % der Schriftgröße, also bei einer 24-pt-Schrift 28,8 pt. In Präsentationssoftware wird dieser Abstand meistens als „Einfach" bezeichnet.

Bei einer schmalen und hohen Schrift kann es sinnvoll sind, den Zeilenabstand etwas zu vergrößern, z.B. auf 150 % (Einstellung: 1,5). Wird der Zeilenabstand jedoch zu groß gewählt, dann fällt der Text optisch auseinander:

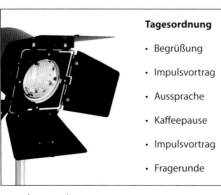 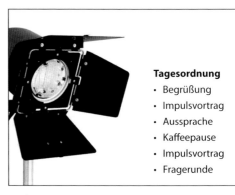

weniger gelungen   *gelungen*

Bewertung

Der Text im linken Beispiel ergibt keine Einheit und muss Zeile für Zeile gelesen werden. Den Text rechts nehmen wir nach dem sogenannten *Gesetz der Nähe* als einheitlichen Textblock wahr. Er bildet einen Gegenpol zum Scheinwerfer, der den Text zu beleuchten scheint.

Zeilenlänge

Beim Lesen eines Textes folgen wir der (unsichtbaren) Grundlinie der Schrift. Je länger eine Zeile wird, umso leichter kann das Auge in der Zeile verrutschen. Aus diesem Grund dürfen Zeilen nicht zu lang sein. Für Bildschirmpräsentationen gilt, dass eine Zeile *maximal fünfzig Zeichen* (Buchstaben plus Leerzeichen plus Satzzeichen) enthalten sollte.

weniger gelungen

gelungen

Im Beispiel oben links sehen Sie, dass lange Zeilen nicht auf den einen Blick erfasst werden können. Es besteht die Gefahr, dass wichtige Informationen überlesen werden, zumal das Thema auch noch getrennt wurde. Durch die Aufteilung auf drei Zeilen und eine größere Schrift in der mittleren Zeile (Thema der Präsentation) kann dieser Fehler behoben werden.

Bewertung

Satzart

Als Satzart wird die Ausrichtung des Textes am linken und rechten Seitenrand bezeichnet. Hierbei werden vier Satzarten unterschieden:

- Linksbündiger Flattersatz ist sehr gut lesbar und wird häufig verwendet. Er kommt auch häufig dann zum Einsatz, wenn Sie eine Aufzählung machen.
- Rechtsbündigen Flattersatz können Sie einsetzen, um einen Text am rechten Rand der Folie oder an einer linken Bildkante

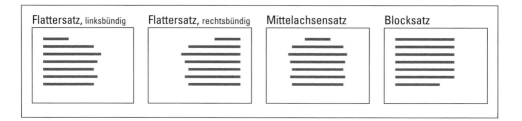

bündig auszurichten. Für längere Texte eignet er sich nicht, weil das Auge in jeder Zeile den Zeilenanfang suchen muss.

- Mittelachsensatz eignet sich insbesondere für Überschriften oder für kurze Texte. Längere Texte werden nicht auf Mittelachse gesetzt.
- Blocksatz wird nur für Mengentext wie in diesem Buch verwendet, für Präsentation ist er nicht geeignet.

Schriftmischung

Überlegen Sie sich gut, ob Sie für Ihre Präsentation wirklich mehrere Schriften brauchen, denn das Mischen von Schriften erfordert viel Erfahrung und kann leicht schiefgehen.

Schriftschnitte

In diesem Buch verwenden wir die Schriftfamilie *Univers*. Diese Familie besitzt mehrere Mitglieder, die Schriftschnitte genannt werden.

Rechts sehen Sie einige Schnitte der Univers-Familie. Neben der Grundschrift (Roman, Regular oder Normal) gibt es feinere (Light oder Thin), schmalere (Condensed) und fettere (Bold, Black, Extra Bold) Varianten. Zusätzlich gibt es einige

Univers 45 Light
Univers 55 Roman
Univers 55 Oblique
Univers 67 Condensed
Univers 65 Bold
Univers 75 Black

Schnitte noch in einer schräg gestellten Version (Oblique oder Italic). Der große Vorteil von Schriftschnitten ist, dass sie miteinander kombiniert werden dürfen – sie passen zusammen.

Schriftklassen

Schwieriger wird es, wenn Sie unterschiedliche Schriftarten miteinander kombinieren möchten. In diesem Fall lautet eine wichtige Grundregel: Zu ähnliche Schriften dürfen *nicht* miteinander kombiniert werden. Zur Beurteilung, wann Schriften ähnlich sind und wann nicht, dient eine Einteilung der Schriften:

Antiqua-Schrift (Times)	Grotesk-Schrift (Arial)	Schreibschrift (French Script)
Lorem ipsum dolor sit amet, consec tetuer adipiscing elit. Aenean com-modo ligula eget dolor. Aenean massa. Cum sociis natoque penatibus et magnis dis parturient montes, nascetur ridiculus mus. Donec quam felis, ultricies nec, pell entesque eu, pretium quis, sem. Cum sociis natoque penatibus et magnis dis ridiculus mus.	Lorem ipsum dolor sit amet, con-sectetuer adipiscing elit. Aenean commodo ligula eget dolor. Aenean massa. Cum sociis natoque penatibus et magnis dis parturient montes, nascetur ridiculus mus. Donec quam felis, ultricies nec, pell entesque eu, pretium quis, sem. Cum sociis natoque penatibus	*Lorem ipsum dolor sit amet, consectetuer adipiscing elit. Aenean commodo ligula eget dolor. Aenean massa. Cum sociis natoque penatibus et magnis dis parturient montes, nascetur ridiculus mus. Donec quam felis, ultricies nec, pell entesque eu, pretium quis, sem. Aenean massa. Cum sociis natoque penatibus et magnis dis parturient montes, nascetur ridiculus mus. Cum sociis natoque penatibus et magnis dis parturient*

- *Antiqua-Schriften:* Ihr wesentliches Merkmal sind die kleinen Ausläufer der Buchstaben, die als *Serifen* bezeichnet werden. Antiqua-Schriften finden Sie vor allem in gedruckten Produkten: Zeitschriften, Zeitungen, Bücher.

- *Grotesk-Schriften:* Bei den historisch jüngeren Grotesk-Schriften wurde auf Serifen komplett verzichtet, so dass sich diese Schriften deutlich von Serifenschriften unterscheiden. Grotesk-Schriften werden nebem dem Einsatz in Printprodukten vor allem im Digitalbereich eingesetzt, da sie auch auf Smartphones, Monitoren und Beamern gut lesbar sind.
- *Schreibschriften:* Mit geschriebenen Schriften wird versucht, die Handschrift zu imitieren. Sie sind für Mengentext nicht geeignet, können aber bei kurzen Texten – und dies ist bei Präsentationen ja ein erklärtes Ziel! – stilvoll eingesetzt werden (siehe Beispiel auf der nächsten Seite).

Da sich die genannten Klassen deutlich voneinander unterscheiden, können Schriften aus *verschiedenen Klassen* eventuell gemeinsam verwendet werden. Dennoch brauchen Sie viel Erfahrung, um Schriften zu finden, die miteinander harmonieren.

weniger gelungen   *gelungen*

Bewertung
Links wurden zwei Grotesk-Schriften verwendet (Überschrift: Arial, Aufzählung: Myriad Pro). Diese unterscheiden sich geringfügig, z.B. beim kleinen „e" und „c". Nun werden Sie vielleicht sagen: Das fällt doch keinem auf! Möglicherweise nicht bewusst, aber es ist so, dass wir vieles unbewusst wahrnehmen und als angenehm oder unangenehm empfinden, ohne zu wissen, weshalb.

Im rechten Beispiel wurde als Überschrift eine Schreibschrift (Künstler Script) gewählt, die zu den organischen Formen der Blumen sehr gut passt. Die Grotesk-Schrift für die Aufzählung (Myriad Pro Light) unterscheidet sich deutlich von der Überschrift. Durch ihre geringe Strichstärke (Fachbegriff: *Duktus*) passt sie aber ebenfalls gut zu den zarten Blumen.

Schriftdarstellung

Leider gibt es noch einige Stolpersteine, die Sie aus dem Weg räumen müssen, bevor Sie mit der gewünschten Schrift präsentieren können.

Bildschirmauflösung

Die Qualität der Schriftdarstellung wird durch die Auflösung des Bildschirms bestimmt. Darunter versteht man die Anzahl an Bildpunkten, die pro Längeneinheit angezeigt werden. Die Einheit der Auflösung ist ppi (Pixel pro Inch), wobei ein Inch einer Länge von 2,54 cm entspricht. Monitore und Beamer besitzen eine Auflösung um die 100 ppi, Tintenstrahl- und Laserdrucker sowie Druckmaschinen erreichen deutlich höhere Auflösungen von 2500 ppi oder höher, d.h., das Druckraster ist etwa 25 mal feiner als das Pixelraster des Bildschirms oder Beamers.

1 Inch = 2,54 cm

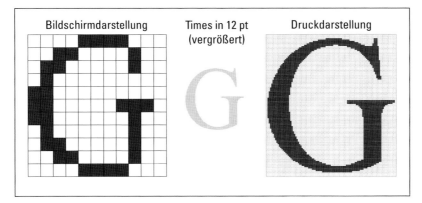

Bildschirmdarstellung — Times in 12 pt (vergrößert) — Druckdarstellung

Wie Sie an der Grafik sehen, ist Qualität der Darstellung einer Schrift in großem Maß von der Auflösung abhängig. Durch die grobe Rasterung des Bildschirms gehen sämtliche Details der Schrift verloren, insbesondere ihre Serifen. Was folgt daraus für Präsentationen?

- Wählen Sie für den Mengentext eine Schrift, bei der alle Buchstaben eine einheitliche Strichstärke (Duktus) besitzen.
- Für Überschriften oder kurze Texte können Sie auch Serifen-, Schreib- oder Schmuckschriften wählen, achten Sie aber auf ausreichende Schriftgröße (siehe Seite 76).

Systemschriften

Sämtliche Schriften eines Computers befinden sich in einem speziellen Ordner des Betriebssystems. Bei der Verwendung von Schriften in einem Präsentationsprogramm wird auf diesen Ordner zugegrifen.

Problematisch wird es, wenn Sie Ihre Präsentation mittels USB-Stick auf den Rechner im Präsentationsraum übertragen und die gewählte Schrift auf diesem Rechner *nicht* installiert ist. Die Software ersetzt Ihre Schrift kurzerhand durch eine vorhandene Schrift und Ihr schönes Layout ist dahin.

Treffen Sie eine der folgenden Maßnahmen, damit Ihre Schriften dargestellt werden:

- Nehmen Sie, wenn möglich, immer Ihr eigenes Laptop mit.
- Erstellen Sie aus Ihrer Präsentation ein PDF. Dieses Format bindet Schriften immer mit ein.
- Verwenden Sie eine Systemschrift, also eine Schrift, die zusammen mit dem Betriebssystem installiert wurde, z.B. Verdana, Arial, Georgia, Impact, Lucida, Times (New Roman), Palatino.
- Bei PowerPoint gibt es die Option „Schriftarten in Datei einbetten". Mehr hierzu finden Sie auf Seite 212.

Anwendungsbeispiele

In diesem Kapitel haben Sie die wichtigsten Kriterien zur Auswahl einer Schrift für Ihre Präsentationen kennengelernt. Sie finden Sie hier nochmals zusammengefasst:

Checkliste zur Schriftauswahl

- Wählen eine Schrift, deren Schriftcharakter zum Thema Ihrer Präsentation passt.
- Bestimmen Sie die erforderliche Schriftgröße mit Hilfe der Formel auf Seite 76. Achten Sie darauf, dass die Schriftgröße auf allen Folien identisch ist.
- Wählen Sie einen Zeilenabstand, der weder zu groß noch zu klein ist (Faustregel: 120 % x Schriftgröße).
- Beachten Sie die max. Zeilenlänge von 50 Zeichen.
- Setzen Sie Mengentext im linksbündigen Flattersatz, Überschriften oder kurze Texte können auch auf Mittelachse oder rechtsbündig gesetzt werden.

- Kombinieren Sie nur Schriftschnitte aus einer Familie oder Schriften, die sich nicht zu ähnlich sind.
- Stellen Sie sicher, dass die gewählte Schrift auf dem Beamer im Präsentationsraum dargestellt wird.

Abschließend sehen Sie einige Anwendungsbeispiele für die Auswahl von Schriften, die einen optischen Bezug zum Thema schaffen:

Schriften
oben: Arial Bold, Arial Regular
unten: Myriad Pro Regular

Schriften
oben: Künstler Script, Times New Roman
unten: Arial Black, Wittenberger Fraktur

Handschrift

Handschrift ist schön

In unserer von digitalen Medien beherrschten Gesellschaft verliert Handschrift immer mehr an Bedeutung: E-Mails statt Briefe, SMS statt Haftzettel, Bildschirmpräsentationen statt Tafelbilder. Dennoch sprechen wir in diesem Buch ganz bewusst nicht nur über Bildschirmpräsentationen. Wie Sie im Kapitel *Das passende Medium* auf Seite 148 nachlesen können, kann es sinnvoll und besser sein, auf ein analoges Medium wie Tafel, Whiteboard oder Flipchart zurückzugreifen. In diesem Fall müssen Sie von Hand schreiben.

Mit Ihrer Handschrift geben Sie einer Präsentation eine individuelle und persönliche Note. Sie wird hierdurch zu etwas Besonderem, das nicht einfach kopiert und wiederholt werden kann. Mit Ihrer Schrift geben Sie wie durch Ihre Sprache etwas über Ihren Charakter preis und schaffen hierdurch einen persönlichen Bezug zu Ihrem Publikum. Mit einer schönen Handschrift werden Sie Ihr Publikum begeistern.

Lesbarkeit

Wie bei digitalen Schriften ist auch bei einer Handschrift die Lesbarkeit oberstes Gebot.

Checkliste für Handschriften

- Schreiben Sie grundsätzlich in einer Druckschrift, da diese besser lesbar ist als eine Schreibschrift.
- Passen Sie die Schriftgröße an die Größe des Raumes an (siehe nächste Seite).
- Achten Sie darauf, dass alle Großbuchstaben und alle Kleinbuchstaben eine einheitliche Größe haben.
- Sorgen Sie für einen gleichmäßigen Zeilenabstand. Tipp: Zeichnen Sie feine Hilfslinien vor.
- Achten Sie darauf, dass die Strichstärke Ihrer Stifte bzw. der Kreide groß genug ist.
- Setzen Sie Farbe sparsam und gezielt ein.
- Üben Sie das Schreiben *vor* Ihrer Präsentation.

ABCDEFGHIJKLMN
OPQRSTUVWXYZ

abcdefghijklmn
opqrstuvwxyzß

Hamburger Druckschrift

Schriftgröße

Auf Seite 76 haben wir uns mit der Frage beschäftigt, wie groß eine Bildschirmschrift in Abhängigkeit von der Projektionsfläche und Raumgröße sein muss. Dieselbe Überlegung stellen wir jetzt für geschriebene Schriften an.

Eine typische Handschrift mit einer Größe von 0,8 cm betrachten wir aus einem Abstand von etwa 40 cm. Aus größerer Entfernung muss die Schrift entsprechend größer geschrieben werden, damit sie lesbar bleibt. Die nun erforderliche Schriftgröße in cm können Sie abschätzen, indem Sie die Raumgröße mit zwei multiplizieren.

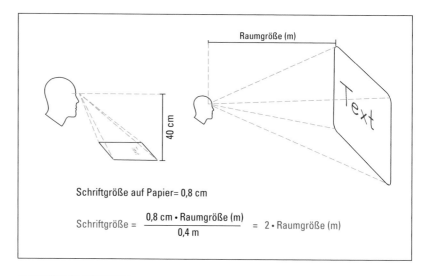

Schriftgröße auf Papier = 0,8 cm

$$\text{Schriftgröße} = \frac{0,8\,\text{cm} \cdot \text{Raumgröße (m)}}{0,4\,\text{m}} = 2 \cdot \text{Raumgröße (m)}$$

Schriftgröße (in cm) = 2 • Raumgröße (in m)

Raumgröße in m						
5	7,5	10	15	20	25	30
Schriftgröße in cm						
10	15	20	30	40	50	60

Strichstärke

Das Beispiel zeigt eine Druckschrift in einer Größe von 9 cm. Die Strichstärke dieser Schrift beträgt ungefähr 13 mm. Damit die Proportionen der Schrift erhalten bleiben, muss sich bei Vergrößerung einer Schrift auch ihre Strichstärke ändern.

Auf Kreidetafeln ist diese Strichstärke kein Problem, weil handelsübliche Kreide ungefähr diesen Durchmesser hat. Auch Filzstifte für Flipchart oder Metaplan gibt es in einer Breite von zehn oder mehr Millimeter. Die für Whiteboards verwendbaren abwischbaren Boardmarker haben meistens einen deutlich geringeren Durchmesser, so dass dann das Verhältnis von Schriftgröße zur Strichstärke nicht mehr stimmt. Hier erzielen Sie eventuell ein besseres Resultat, wenn Sie auf Papier vorschreiben und dieses mittels Magneten am Whiteboard befestigen.

Bild und Grafik

Ein Bild sagt mehr als 1000 Worte

Ein Bild kann schmücken, verdeutlichen, ablenken, verwirren, unterstützen, veranschaulichen…

Ein Bild ist in seiner Bedeutung offener als das Wort. Das Betrachten eines Bildes löst immer verschiedene Emotionen und Assoziationen aus. Durch die Auswahl des Bildes und seine Präsentation in Ihrem Vortrag erreichen Sie, dass die Botschaft des Bildes, die beim Betrachter ankommt, auch die von Ihnen beabsichtigte ist. Beziehen Sie das Bild in Ihre Präsentation mit ein. Zeigen Sie auf das Bild oder die entsprechenden Bildteile. Sie stellen damit für das Publikum eine direkte Beziehung zwischen Ihrer verbalen Aussage und der Bildaussage her. Das Bild ergänzt damit die gesprochene Botschaft.

Bildauswahl

Betrachten Sie die beiden Bilder. Welche Emotionen lösen sie jeweils bei Ihnen aus? Welche Begriffe assoziieren Sie?

Das linke Bild zeigt Lebensfreude. Das Lachen, die rausge-
streckte Zunge, die Haltung des Kopfes vermitteln eine positive
Botschaft. Das rechte Bild wirkt ernst, müde, vielleicht sorgen-
voll.

Bevor Sie ein Bild für Ihre Präsentation auswählen, müssen Sie
es bewerten. Beantworten Sie dazu folgende Fragen:

Fragen zur Bildauswahl

- Welche Kommunikationsziele habe ich?
- Wer ist mein Publikum?
- Welche Ideen und Inhalte möchte ich vermitteln?
- Welche Kommunikationsmittel und -medien kann ich
  einsetzen?
- Wie viel Zeit habe ich?

Sie können die Bewertung einfach mit einem Polaritätsprofil
durchführen. Natürlich ist unser Beispiel nicht vollständig. Passen Sie die Auswahl und die Anzahl der Begriffe an Ihre Bedürf-
nisse an.

	++	+	0	–	– –	
gültig, wahr						nicht gültig, unwahr
verständlich						unverständlich
stimmig						widersprüchlich
vertretbar						nicht vertretbar
formal gelungen						nicht gelungen
technisch gut						mangelhaft
innovativ						herkömmlich
bleibend wirkend						flüchtig wirkend
symbolhaft						oberflächlich
relevant						belanglos
emotional						kalt
überzeugend						nicht überzeugend

weniger gelungen *gelungen*

Bewertung

Die Folie ist Teil einer Präsentation des Kulturamts Musterstadt über das alljährlich im Herbst veranstaltete Drachenfest.

Die linke Folie zeigt viel Himmel und wenig Drachenfest. Am Himmel sind klein nur wenige Drachen zusehen. Das „Fahrerlager" ist angeschnitten am unteren Bildrand. Die Bildaussage ist unklar.

Das rechte Bild zeigt die Drachenwiese. Im Vordergrund die Deltas vor dem Formationsflug, im Mittelgrund eine große Auswahl in der Vorbereitung zum Start. Einige Drachen sind schon in der Luft, wir sind gespannt was wir an diesem Nachmittag noch alles sehen werden.

Bildausschnitt

Ein Bild ist immer ein Ausschnitt aus der Wirklichkeit. Auch die Totale umfasst nicht das gesamte Blickfeld. Sie ermöglicht zwar einen Überblick, bietet aber wenig Orientierung. Durch die Wahl des Bildausschnitts fokussieren Sie den Blick des Betrachters auf das Wesentliche.

Wenn Sie das Bild speziell für Ihre Präsentation fotografieren, dann können Sie das Format und den Ausschnitt schon bei der Aufnahme bestimmen. Häufig ist es aber so, dass Sie aus Ihrem Archiv oder einer Bilddatenbank Bilder auswählen und diese anschließend noch bearbeiten und auf die passende Größe beschneiden müssen. Mit der Bestimmung des Bildausschnitts legen Sie gleichzeitig verschiedene geometrische Größen des Bildes fest: die Bildmaße, das Seitenverhältnis von Breite zu Höhe und die Formatlage, d. h. Hoch- oder Querformat.

Totale
Mit der Totalen bieten Sie dem Betrachter Überblick und Orientierung.

Halbtotale
Die Halbtotale zeigt einen beschränkten Ausschnitt der Totalen und lenkt dadurch den Blick des Betrachters auf das bildwichtige Motiv.

Nahaufnahme
In der Nahaufnahme zeigen Sie weitere Details des Motivs. Für den Betrachter gehen der Überblick und die Möglichkeit zur Einordnung in die Umgebung verloren.

Großaufnahme
Sie sind mit der Kamera dicht am Aufnahmeobjekt, ein Ausweichen ist nicht mehr möglich.

Variationen von Bildauschnitt, Bildgröße, Seitenverhältnis und Formatlage aus einer Bildvorlage

Die folgenden Fragen helfen Ihnen bei der Wahl des richtigen Bildausschnitts.

Fragen zur Bestimmung des Bildausschnitts

- Welches sind die wichtigen Bildelemente?
- Welches Seitenverhältnis hat mein beschnittenes Bild?
- Welche Maße hat mein Bild?
- Hat mein Bild Hoch- oder Querformat?
- Wo steht mein Bild – oben oder unten, links oder rechts?
- Wirkt mein beschnittenes Bild harmonisch und ausgewogen?
- Wo liegt das Hauptmotiv im Bild?
- Welche Bildteile lasse ich weg?

Drittel-Regel

Eine einfache geometrische Hilfestellung bei der Bildgestaltung bietet die Drittel-Regel. Sie wird Ihnen im Kapitel Layout als Richtlinie zur Formataufteilung wieder begegnen. Die Drittel-

Regel ist eine vereinfachte Umsetzung der Gestaltungsregel des Goldenen Schnitts. Die Horizontale und die Vertikale des Bildes werden jeweils in drei gleich große Bereiche aufgeteilt. Sie erhalten durch die Teilung neun Bildbereiche mit dem Seitenverhältnis des Gesamtformats. Bei vielen Digitalkameras können Sie das Raster der Drittel-Regel im Display einblenden. Dies erleichtert es Ihnen schon bei der Aufnahme den Bildaufbau zu strukturieren.

Gestaltungsgrundsätze der Drittel-Regel

- Der gestalterische Horizont liegt auf einer der beiden horizontalen Linien.
- Der Blickpunkt des Hauptmotivs wird auf einem der Linienschnittpunkte positioniert.

weniger gelungen   *gelungen*

Bei beiden Bildern liegt der gestalterische Horizont auf der unteren horizontalen Drittellinie. Dagegen unterscheidet sich die Orientierung an den vertikalen Linien. Im linken Bild ist der große runde Drachen in die Bildmitte gerückt. Er beherrscht dadurch das Bildmotiv. Der Betrachter kann sich nur schwer davon lösen. Sein Blick wandert nicht über das Gelände mit der Vielfalt der Drachen.

Bewertung

Bild und Text

Bei der Verwendung von Bildern in Präsentationen gibt es zwei grundsätzliche Gestaltungsmöglichkeiten. Im ersten Fall stehen Bild und Text nebeneinander. Dazu bestimmen Sie den passenden Bildausschnitt und positionieren die Abbildung im Folienlayout. Die Alternative ist die Positionierung des Folientextes auf dem Bild. Voraussetzung für die optimale Lesbarkeit ist dabei ein ausreichender Kontrast zwischen dem Bild als Hintergrund und der Schrift.

weniger gelungen

gelungen

weniger gelungen

gelungen

Bewertung Die linken Folien zeigen einen zu geringen Kontrast zwischen Bild und Text, dadurch sind die Texte schlecht lesbar.

Grafik

Grafiken sind in Präsentationen nicht schmückendes Beiwerk, sondern wichtige Elemente der visuellen Kommunikation. Grafiken sind gut geeignet, technische Zusammenhänge, Prozessabläufe oder Daten zu visualisieren. Dabei gilt, wie schon für Text und Bild, konzentrieren Sie sich auf das Wesentliche, gestalten Sie die Grafiken einfach und anschaulich.

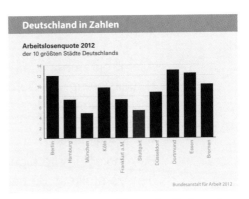

Technische Darstellung

Visualisierung von Daten im Balkendiagramm

Diagramme

Die Visualisierung von Daten in Diagrammen begegnet uns in allen Medien. Allerdings unterscheiden sich Aufbau und Gestaltung von Diagrammen in Präsentationen von denen z. B. in Printmedien. Das Diagramm ist eingebunden in die Gesamtpräsentation. Es steht nicht alleine, sondern wird von Ihnen in der Präsentation vorgestellt und interpretiert. Lassen Sie dem Publikum aber bitte dabei Zeit, das Diagramm zu erfassen und seine Schlüsse zu ziehen.

Zur Erstellung und Gestaltung der Diagramme nutzen Sie entweder die entsprechende Option im Präsentationsprogramm oder Sie importieren ein extern in einer Tabellenkalkulation oder in einem Vektorgrafikprogramm erstelltes Diagramm.

Fragen zur Diagrammerstellung

- Welche Kommunikationsziele habe ich?
- Wer ist mein Publikum?
- Welche Inhalte möchte ich vermitteln?
- Welchen Diagrammtyp setze ich ein?
- Welche Details sind in der Grafik wichtig?
- Wie viel Zeit habe ich?
- Was sage ich begleitend zum Diagramm?

Alle Programme bieten unterschiedliche Diagrammarten zur Visualisierung von Daten an. Wir möchten Ihnen hier exemplarisch die drei wichtigsten Diagrammarten vorstellen.

Balkendiagramm

Balkendiagramme eignen sich besonders gut zur vergleichenden Darstellung. Je nach Anzahl der Werte sowie der Art und Größe der Beschriftung wählen Sie die vertikale oder die horizontale Darstellung.

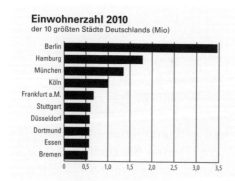

Horizontales Balkendiagramm

Vertikales Balkendiagramm

Bewertung

Die horizontale Darstellung erleichtert dem Betrachter das Lesen der Städtenamen. Allerdings erscheint in dieser Darstellung Berlin übermächtig mit seinen fast 3,5 Millionen Einwohnern. Durch das veränderte Seitenverhältnis erscheint das vertikale Balkendiagramm ausgeglichener. Unser Beispiel zeigt, dass nicht nur gestalterische Aspekte bei der Wahl der Darstellungsart eine Rolle spielen, sondern darüber hinaus natürlich auch Ihre Kommunikationsziele.

Liniendiagramm

Liniendiagramme zeigen Entwicklungen über einen bestimmten Zeitraum, so z. B. den Trend der Arbeitslosenzahlen.

Gruppiertes Balkendiagramm

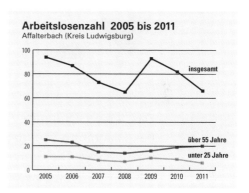

Liniendiagramm

Die Kategorie-Achse, d. h. die x-Achse, zeigt in beiden Diagrammen die Jahre von 2005 bis 2011. Im gruppierten Balkendiagramm liegt der Schwerpunkt der Darstellung in der Gruppierung der drei Kenngrößen. Dem Betrachter ist es dadurch besser möglich, die Verhältnisse in den einzelnen Jahren zu erkennen. Der Trend wird nur durch die gedankliche Verbindung der Balkenspitzen dargestellt. Es entsteht so ein übergeordnetes virtuelles Liniendiagramm.

Bewertung

Wenn Sie den Trend in den Mittelpunkt der Darstellung stellen möchten, dann ist das Liniendiagramm rechts besser geeignet. Der Linienverlauf ist auf den ersten Blick zu erkennen. In einer zweiten Ebene kann der Betrachter durch den Bezug der Datenpunkte ebenfalls die Verhältnisse im Jahresvergleich ablesen.

Kreis- oder Tortendiagramm

Kreis- oder Tortendiagramm sind gut geeignet zur Darstellung der Anteile an einer Grundgesamtheit.

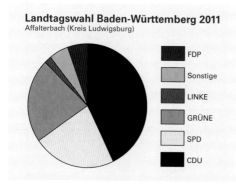

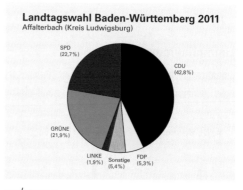

weniger gelungen   *gelungen*

Bewertung

Das linke Diagramm zeigt das Ergebnis der Dateneingabe in das Diagramm-Tool der Software ohne weitere gestalterische Bearbeitung. Die Grauabstufungen sind schwer unterscheidbar, die abgekoppelte Legende ist den Kreissegmenten schlecht zuzuordnen.

Im rechten Diagramm wurde der Kreis so gedreht, dass die obere Senkrechte die Aufteilung in linkes und rechtes Lager der Parteien deutlich macht. Außerdem wurden die Kreissegmente in den typischen Parteifarben eingefärbt. Durch die direkte Anordnung der Legende mit den Prozentwerten kann der Betrachter auf einen Blick die Stimmenverhältnisse erfassen.

Logos, Symbolgrafiken und Cliparts

Logos

Das Wort Logo kommt ursprünglich von dem Begriff Logotype, einer großen Bleiletter mit einem Schriftzug. Heute steht Logo im allgemeinen Sprachgebrauch für jede Art von grafischem Zeichen. Logos sind bei vor allem in Firmenpräsentationen ein unverzichtbares Designelement. Die Positionierung, Art und

Größe werden dort meist in den Designrichtlinien bzw. dem CI-Styleguide vorgegeben. Für alle anderen Präsentationen ohne externe Designvorgaben haben wir einige wichtige Tipps zusammengestellt.

Tipps zur Verwendung von Logos

- Positionieren Sie das Logo auf allen Folien an derselben Stelle und in einheitlicher Ausführung.
- Positionieren Sie das Logo in einem sinnreichen Kontext, z.B. zusammen mit dem Titel in der Kopf- oder Fußzeile jeder Folie.
- Beachten Sie die Auflösung, durch das Vergrößern der Grafik im Präsentationsprogramm verringert sich die Auflösung und die Grafik wird pixelig.
- Animieren sie das Logo nicht, Bewegungen ziehen die Blicke auf sich. Das Publikum wird vom eigentlichen Inhalt der Folien abgelenkt.

Symbolgrafiken

Alle Präsentationsprogramme bieten eine Vielzahl von Symbolgrafiken. Sie können diese Grafiken zur Gliederung und Strukturierung der Inhalte oder Darstellung komplexer Abläufe z. B. in einem Flussdiagramm einsetzen.

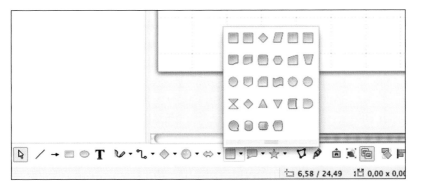

Symbolgrafiken in LibreOffice

Beachten Sie bei der Verwendung von Symbolgrafiken in Ihrer Präsentation folgende Tipps.

Tipps zur Verwendung von Symbolgrafiken

- Achten Sie auf einen klaren Aufbau und eine übersichtliche Struktur.
- Beschränken sie sich auf das Notwendige.
- Verwenden Sie die gleichen Gestaltungselemente und Schrifteinstellungen innerhalb einer Hierarchiestufe oder Kategorie.
- Verwenden Sie ein konsistentes und durchgängiges Farbschema.
- Achten Sie auf einheitliche Rahmengrößen und Linienstärken.
- Achten sie auf die Gleichabständigkeit der Rahmen.
- Die Größe der Pfeilspitzen muss in angemessenem Verhältnis zur Linienstärke stehen.
- Beachten Sie in der Gestaltung Symmetrie und Proportionen.
- Positionieren Sie die Texte einheitlich in den Rahmen, z.B. zentriert.

Cliparts

Cliparts sind eine besondere Form von Grafiken. Meist sind es stilisierte Bilder im Comicstil. In Präsentationen werden Cliparts häufig als Platzfüller oder zur Auflockerung eingesetzt. Dies widerspricht den Grundsätzen guter Gestaltung. Der Einsatz von Clipart muss wie bei allen Gestaltungselementen wohl überlegt und begründet sein. Sie können Cliparts als grafisches Zeichen oder Bildsymbol einsetzen. Cliparts haben dann die gleiche Aufgabe wie Icons in der Benutzeroberfläche von Software oder Piktogramme. Der Betrachter erkennt auf den ersten Blick die Bedeutung. Cliparts unterstützen damit als stilisierte Abbildungen die verbale Präsentation. Platzieren Sie Cliparts aus den Clipart-Sammlungen der eingesetzten Programme. Eine weitere Möglichkeit ist der kostenlose Download von http://office.microsoft.com/de-de/images oder einer der Open-Source-Clipart-Bibliotheken. Beachten Sie dabei immer, dass auch der Einsatz von Cliparts gestalterisch begründet sein muss.

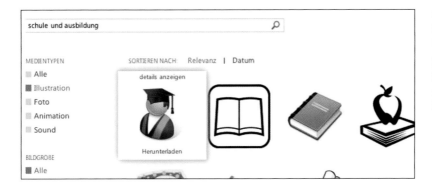

Cliparts zum kostenlosen Download

http://office. microsoft. com/de-de/ images

Technische Bild- und Grafikparameter

Pixel und Vektor

Grafiken und Diagramme, die Sie in Ihr Präsentationsprogramm importieren, können Pixel- oder Vektordateien sein, Bilder sind immer Pixeldateien.

Pixel ist ein Kunstwort aus den beiden englischen Wörtern *picture* und *element.* Mit dem Begriff Pixel werden die kleinsten, meist quadratischen Bildelemente bezeichnet, aus denen sich ein digitales Bild zusammensetzt. Bei Pixelgrafiken ist die Position und Farbigkeit jedes einzelnen Pixels gespeichert. Ein Kreis aus Pixeln ist kein Objekt, sondern ergibt sich erst in der Darstellung aus der Gesamtheit der Pixel. Digital fotografierte Bilder sowie gescannte Bilder und Grafiken setzen sich aus Pixeln zusammen.

Vektorgrafiken setzen sich aus Linien, Kreisen und Polygonen zusammen. Zur Speicherung eines Kreises genügen die Position des Kreismittelpunktes und der Kreisdurchmesser. Die Stärke der Kontur, die Farben oder Füllungen, Verläufe und Muster werden zusätzlich objektbezogen gespeichert.

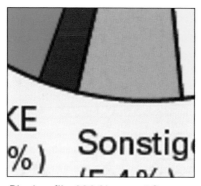 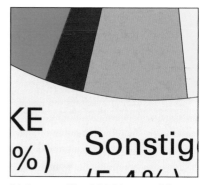

Pixelgrafik, 600 % vergrößert   *Vektorgrafik, 600 % vergrößert*

Auflösung

Die Auflösung beschreibt die Anzahl der Bildelemente eines digitalen Bildes, einer Pixelgrafik oder von Ein- und Ausgabegeräten wie z. B. Scanner, Monitor und Beamer. Auflösung ist immer linear, d. h., die Anzahl der Bildelemente wird zur Längeneinheit inch oder cm in Beziehung gesetzt.

Einheiten zu Angabe der Auflösung

- ppi, pixel per inch (Scanner- und digitale Bildauflösung)
- Px/cm, Pixel pro Zentimeter (Scanner- und digitale Bildauflösung)
- dpi, dots per inch (Monitor- und Beamerauflösung, Druckerauflösung)

Bei der Vergrößerung oder Verkleinerung im Präsentationsprogramm ändert sich die Pixelanzahl und damit die dargestellte Informationen nicht. Die Pixel werden bei der Skalierung lediglich kleiner oder größer, d. h. die Auflösung verändert sich, die absolute Pixelanzahl bleibt gleich. Eine Grafik mit ursprünglich

72 ppi Auflösung hat nach einer Skalierung auf 200 % nur noch eine Auflösung von 36 ppi, eine Skalierung auf 50 % führt zu einer neuen Auflösung von 144 ppi. Bei der Verkleinerung der Abbildung kann dies dazu führen, dass die Bildpixel auf dem Monitor nicht mehr einzeln dargestellt werden können und somit Information verloren geht. Eine Vergrößerung des Bildes über die Monitorauflösung hinaus führt zu einer sogenannten Verpixelung. Die Bildpixel werden jeweils von mehreren Monitorpixeln dargestellt und werden dadurch für den Betrachter sichtbar. Bei Vektorgrafiken besteht die Gefahr der Verpixelung nicht, da im Vektorformat die Information auflösungsunabhängig gespeichert wird.

Wenn Sie Ihre digitale Präsentation z.B. als Handout ausdrucken, muss die Auflösung der Bilder und Pixelgrafiken möglichst über 200 ppi liegen.

Farbtiefe

Mit der Farbtiefe, auch Bittiefe oder Datentiefe genannt, wird die Anzahl der möglichen Farben eines Bildes bzw. einer Grafik beschrieben. Die Farbtiefe bestimmt den Speicherbedarf für ein Pixel eines Bildes bzw. einer Grafik.

Farb-tiefe	Anzahl der Farben	Farb-kanäle	Bit/Px	Bildgröße in Px	Dateigröße
1 Bit	2	1	1	1024 x 768	96 KByte
Schwarz-Weiß-Strichabbildungen					
8 Bit	256	1	8	1024 x 768	768 KByte
Graustufenbilder, GIF- oder PNG8-Grafiken					
24 Bit	16.777.216	3	24	1024 x 768	2,25 MByte
Farbbilder und -grafiken im RGB-Modus					

Farbmodus

Der Farbmodus eines Bildes oder einer Grafik beschreibt das Farbmodell bzw. den Farbraum, in dem die Farben der Datei angelegt sind. Wir unterscheiden zwei Farbmodi, den RGB-Modus und den CMYK-Modus. Der RGB-Modus hat als Basis die additive Farbmischung mit den drei Grundfarben Rot, Grün und Blau. Alle Farben einer Datei im RGB-Modus werden aus diesen drei Farben gemischt. Da jede Farbe mit einer Farbtiefe von acht Bit gespeichert ist, sprechen wir von einem 24-Bit-Bild. Die Darstellung auf dem Monitor und in der Beamerprojektion erfolgt im RGB-Farbmodell.

Der CMYK-Modus beruht auf der subtraktiven Farbmischung mit den Grundfarben Cyan, Magenta und Yellow. Zur Kontrastunterstützung wird als vierte Farbe Schwarz gedruckt. Beim Druck der Präsentation mit einem Tintenstrahl- oder Laserdrucker wandelt der Druckertreiber die RGB-Datei optimiert in den Farbraum des Druckers um. Sie können deshalb immer im RGB-Modus arbeiten.

Dateiformat

Bilder und Grafiken werden in unterschiedlichen Dateiformaten gespeichert. Welches Dateiformat Sie wählen, hängt von der jeweiligen Software ab und davon, ob Sie Pixel- oder Vektordaten verarbeiten.

Die zeigt eine Übersicht über die wichtigsten Bild- und Grafikformate zur Erstellung Ihrer Präsentation.

Datei-format	Datei-format-typ	Kompri-mierung	maximale Anzahl der Farben	Einsatzbereich
TIF Tagged Image File Format	Pixel	verlustfrei	16.777.216	Bilder und Grafiken in ausgedruckten Präsentationen, z.B. OH-Folien
JPG Joint Photographic Experts Group	Pixel	verlust-behaftet	16.777.216	Bilder in digitalen Präsentationen und im Internet
GIF Graphics Interchange Format	Pixel und Animation	verlustfrei	256	Grafiken in digitalen Präsentationen und im Internet

Datei- format	Datei- format- typ	Kompri- mierung	maximale Anzahl der Farben	Einsatzbereich
PNG Portable Network Graphics	Pixel	verlustfrei	256 (PNG 8) 16.777.216 (PNG 24)	Bilder und Grafiken in digitalen Präsen- tationen und im Internet, Freisteller
EPS Encapsulated PostScript	Pixel und Vektor	verlustfrei	16.777.216	Bilder und Grafiken in ausgedruckten Präsentationen
SVG Scalable Vector Graphics	Vektor	verlustfrei	16.777.216	Grafiken in digitalen Präsentationen und im Internet
SWF Small Web Format/ Shockwave Flash	Vektor, Pixel und Animation	verlustfrei	16.777.216	Grafiken und Bilder in digitalen Präsen- tationen und im Internet

PNG ist das optimale Bildformat für digitale Präsentatio- nen!

Quellen für Bilder und Grafiken

Web-Bilddatenbanken

Suchen Sie die Bilder und Grafiken für Ihre Präsentation im In- ternet nicht mit der Google-Bildersuche. Sie werden dort zwar fündig, aber Sie haben keine Rechte, diese Bilder zu benutzen. Die Bilder und Grafiken unterliegen dem Urheberrecht der je- weiligen Website. Zum Glück gibt es aber im Internet auch viel- fältige Möglichkeiten, legal und kostenlos Bilder und Grafiken herunterzuladen.

Bilddatenbanken, die lizenz- und kostenfreie Bilder zum Download anbieten, verlangen in der Regel nur die Regist- rierung als Nutzer durch Angabe des Namens und eines frei wählbaren Passwortes sowie Ihre E-Mail-Adresse. Nach der Eingabe bekommen Sie per Mail Ihre Registrierungsnummer zur Freischaltung zugeschickt. Jetzt können Sie sich mit Ihrem Benutzernamen und Ihrem Passwort einloggen und Bilder herunterladen. Bitte denken Sie daran, Ihr Passwort beim ersten Einloggen zu ändern.

Web-Bild-datenbank
www.pixelio.de

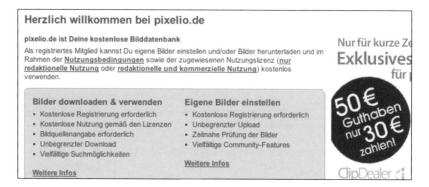

Firmenbilddatenbanken

Viele Firmen bieten auf ihrer Website Presse- und Produktbilder zum kostenlosen Herunterladen an. Meist ist die einzige Bedingung für die Verwendung die Nennung der Quelle. Aber dies ist bei seriöser Verwendung fremder Bilder sowieso selbstverständlich.

Firmen-Bild-datenbank
www.heidelberg.com

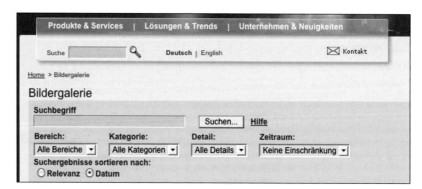

Bilder von CD und DVD

Für die Offline-Bildersuche gilt dasselbe wie für die Internetbildersuche. Vergewissern Sie sich, dass Sie auch die notwendigen Rechte bzw. Lizenzen zur Nutzung der Bilder und Grafiken besitzen. Auf jeder CD oder DVD finden Sie ein Text- oder PDF-

Dokument mit den jeweiligen Nutzungsrechten. Datenträger, die z.B. Computerzeitschriften beigeheftet sind, lassen für die darauf enthaltenen Bilder und Grafiken meist nur die private, d. h. nicht kommerzielle Nutzung zu.

Digitalfotografie

Fotografieren Sie die Bilder für Ihre Präsentation doch selbst. Natürlich gibt es Motive, die Sie „einkaufen" müssen. Oft haben Sie aber die Wahl. Eigene Bilder sind immer authentischer und damit auch wirkungsvoller in Ihrer Präsentation.

Beachten Sie bitte auch bei der Verwendung eigener Bilder immer die Regeln des Medienrechts, z. B. die Rechte am eigenen Bild einer fotografierten Person.

Die Auflösung von Digitalkameras ist für die Verwendung der Bilder in Präsentationsmedien immer ausreichend. Kameras mit höherer Auflösung bzw. Pixelzahl bieten den Vorteil, dass Sie Bildausschnitte mit noch immer genügender Pixelzahl festlegen können. Wenn Sie die Aufnahme im vollen Format nutzen, dann sollten Sie die Bilddatei in einem Bildverarbeitungsprogramm auf die korrekte Auflösung herunterrechnen.

Scannen

Wenn Sie für Ihre Präsentation Bilder und Grafiken aus Büchern oder Firmenpublikationen verwenden möchten, dann müssen Sie diese einscannen. In der Scansoftware geben Sie verschiedene Basiseinstellungen ein:

- Vorlagenart
- Farbmodus
- Auflösung
- Abbildungsmaßstab
- Schwellenwert (nur bei Strichabbildungen)

Darüber hinaus belassen Sie die Standardeinstellungen bzw. scannen im Automatikmodus.

Bei zweiseitigen Druckprodukten sollten Sie, damit die Rückseite nicht durchscheint, einen schwarzen Karton hinterlegen.

Selbst zeichnen

Sie können zeichnen – trauen Sie sich! Ob Tafel, Whiteboard, Flipchart oder Metaplan, eigene Zeichnungen sind ein unverzichtbarer Teil der visuellen Kommunikation. Mit einfachen geometrischen Grundformen und stilisierten Illustrationen visualisieren Sie anschaulich Beziehungen, Strukturen oder Gegensätze.

Wie erstelle ich gute „Präsentationszeichnungen"? Kurze Antwort: Üben, üben, üben... Sie können Zeichnen nicht theoretisch lernen. Zeichnen lernt man durch zeichnen. Gehen Sie mit offenen Augen durch die Welt. Schulen Sie Ihre Wahrnehmung und sammeln Sie optische Vor-Bilder.

Nur ein Gleichgewicht der drei Ziele führt zu einer optimalen visuellen Kommunikation Ihrer Inhalte.

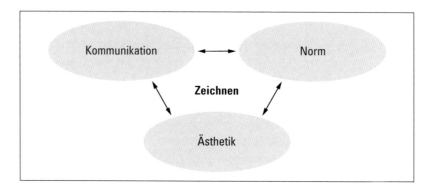

Kommunikation

Zeichnen heißt Kommunikation durch eine nonverbale Sprache. Es geht also, ebenso wie in der Sprache, auch bei Zeichnungen immer darum, wem ich was, wann und zu welchem Zweck mitteilen möchte.

Norm

Die Formen Ihrer gezeichneten Elemente müssen sich an die übliche Formgebung halten, um für alle verständlich zu sein.

Ästhetik

Die Formgebung der Zeichnung, Raumverteilung und Anmutung bestimmen den Wert Ihrer Visualisierung entscheidend mit.

Geometrische Grundformen

Die Verwendung von geometrischen Grundformen in der Visualisierung soll Ihrem Publikum klare Strukturen und Orientierung bieten. Sachverhalte werden gegliedert, miteinander verknüpft oder als Gegensätze dargestellt. Wenn Sie ein paar einfache Grundregeln beachten, wirken Ihre Zeichnungen professionell und eigenständig.

Linien und Pfeile zeichnen

Linien verbinden Flächen und Illustrationen, sie dienen als Achsen von Diagrammen und bilden die Grundform für Pfeile …

- Zeichnen Sie Linien und Pfeile möglichst gerade.
- Zeichnen Sie runde Formen in einem Schwung.
- Achten Sie auf einheitliche Pfeilspitzen.
- Achten Sie auf einheitliche Längen.
- Zeichen Sie Linienanschlüsse geschlossen oder überzeichnet.

Flächen zeichnen

Flächen dienen als Textfelder, symbolisieren Stationen im Ablaufdiagramm …

- Schließen oder überzeichnen Sie die Ecken. Offene Ecken bilden keine Fläche, sie wirken unfertig und schlampig.
- Zeichen Sie Linienanschlüsse geschlossen oder überzeichnet.
- Zeichnen Sie runde Formen in einem Schwung.
- Runde Formen müssen Sie nicht geschlossen zeichnen.
- Achten Sie auf einheitliche bzw. deutlich unterscheidbare Größen.
- Zeichnen Sie gleich bedeutende Flächen auch gleich groß.
- Quetschen Sie Text nie in ein Kästchen.
- Achten Sie bei einer Reihung von Flächen auf gleichmäßige Abstände.

Objekte und Menschen

Die Welt ist komplex – wie schaffen wir es, sie zeichnerisch zu vereinfachen und trotzdem das Wesentliche zu bewahren?

Reduzieren Sie die komplexen Strukturen auf einfache geometrische Grundformen. Fast alle Dinge lassen sich auf die Grundformen Kreis/Kugel, Rechteck/Quader und Dreieck/Kegel zurückführen.

Suchen Sie sich für Ihre Illustrationen Vorlagen in Clip-art-Sammlungen oder in den verschiedenen Symbol-Zeichensätzen wie beispielsweise Webdings. Versuchen Sie nicht, die Vorlagen abzupausen, sondern setzen Sie diese in Ihrem eigenen Zeichenstil um.

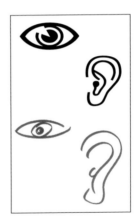

Freihandzeichnungen nach Vorlagen mit dem Markerstift

Layout

Querformat

Gedruckte Produkte besitzen oft ein Hochformat, das heißt, dass die Seitenbreite im Vergleich zur Seitenhöhe geringer ist.

Im Unterschied hierzu wird für Präsentationen fast immer ein Querformat verwendet, bei dem also die Breite größer ist als die Höhe. Der Grund ist die physiologische Eigenschaft unserer Augen, horizontal einen deutlich größeren Bereich scharf sehen zu können als vertikal. Querformatige Darstellungen sind für unsere Augen deshalb besser geeignet. Sie kennen dies aus dem Kino, wo ein extrem breites Format verwendet wird.

Seitenverhältnis

Das Seitenverhältnis gibt an, wie sich die Breite und Höhe zueinander verhalten. Üblicherweise werden hierfür ganze Zahlen verwendet. Leider gibt es derzeit drei unterschiedliche Seitenverhältnisse – eine Vereinheitlichung ist nicht absehbar.

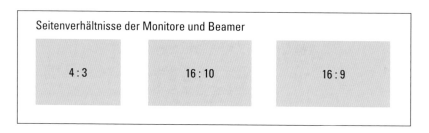

Seitenverhältnisse der Monitore und Beamer

4:3   16:10   16:9

Von welchem Verhältnis gehen Sie aus?

- Im Idealfall kennen Sie den Beamer, mit dem Sie präsentieren werden. Besitzt dieser beispielsweise eine Auflösung von 1280 x 800 Pixel, dann ergibt sich durch Division 1280:80 = 16 und 800:80 = 10, so dass es sich also um einen 16:10-Beamer handelt. Dieses Verhältnis stellen Sie in der Präsentationssoftware ein.
- Ist nicht bekannt, mit welchem Beamer Sie präsentieren werden, dann könnten Sie als Kompromiss das mittlere Ver-

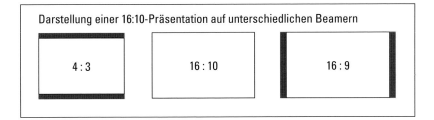

Darstellung einer 16:10-Präsentation auf unterschiedlichen Beamern

4:3   16:10   16:9

hältnis wählen, also 16:10. Kommt für Ihre Präsentation ein Beamer mit demselben Verhältnis zum Einsatz, dann wird die Präsentation formatfüllend dargestellt (siehe Grafik oben Mitte). Wird diese Präsentation auf einem 4:3-Beamer gezeigt, dann ist dies nicht schlimm, denn es werden oben und unten schwarze Balken gezeigt, wie Sie dies von Spielfilmen im Fernsehen kennen. Im Fall eines 16:9-Beamers befinden sich die schwarzen Balken links und rechts.

- Hinweis: Wenn Sie die Grundeinstellung nicht verändern, dann erhalten Sie derzeit sowohl bei PowerPoint als auch bei Impress eine 4:3-Präsentation.

Gestaltungsraster

Gute Gestaltung ist niemals willkürlich oder zufällig – sie befolgt Regeln und Prinzipien. Ein sehr wichtiges Prinzip ist, dass unser Gehirn nach *Struktur und Ordnung* sucht. Auch wenn Sie vielleicht beim Anblick Ihres Schreibtischs das Gegenteil denken: Im Chaos fühlen wir uns nicht wohl und finden uns nicht (gut) zurecht.

In einer guten Präsentation werden Sie die zugrundeliegende Struktur und Ordnung erkennen. Dem Publikum wird hierdurch das Aufnehmen der Informationen erheblich leichter gemacht. Dabei bedeutet Struktur und Ordnung *nicht*, dass alle Folien identisch aussehen sollen – dies wäre langweilig.

Als Hilfmittel zur Gestaltung von Präsentationen verwenden wir ein Raster, das als *Gestaltungsraster* bezeichnet wird. Ein Raster sorgt dafür, dass gleichartige Elemente, z.B. Überschriften oder ein Logo, sich auch immer exakt an derselben Stelle befinden. Ein Raster sorgt dafür, dass Folien einheitliche Seitenränder erhalten. Ein Raster lässt aber andererseits genügend Freiraum zur individuellen Gestaltung der Folien.

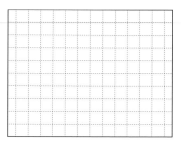

Rot
> Feuer
> Liebe
> Gefahr
> Wut
> Energie
> Wärme

Farbassoziationen

Gelb
> Sonne
> Gift
> Neid
> Sauberkeit
> Frische
> Zitrone

Farbassoziationen

Grün
> Natur
> Umwelt
> Frühling
> Gesundheit
> Erholung
> Ruhe

Farbassoziationen

Blau
> Kühle
> Frische
> Winter
> Vernunft
> Distanz
> Seriosität

Farbassoziationen

weniger gelungen

Bewertung Das Layout dieser Präsentation lässt keinerlei Struktur und Ordnung erkennen. Beim Durchblättern der Folien „springt" der Text auf und ab oder nach links und rechts. Hierdurch entsteht eine Unruhe, die den Betrachter bewusst oder zumindest unbewusst stört.

gelungen

Obwohl inhaltlich nichts verändert wurde, wertet die Verwendung eines Gestaltungsrasters die Präsentation deutlich auf. Zur Veranschaulichung wurde es eingezeichnet, ist aber natürlich bei der Präsentation nicht sichtbar. Die Ränder, Texte und Farbflächen wurden nun auf allen Folien einheitlich platziert.

Bewertung

Gute Layouts entwerfen

Jede Präsentationssoftware stellt zahllose Vorlagen bereit. Wir hoffen aber, dass Sie spätestens nach der Lektüre dieses Buches Ihre eigenen Layouts entwickeln werden, denn so wie Sie als Präsentator einmalig und unverwechselbar sind, soll dies auch für die visuelle Unterstützung Ihrer Präsentation gelten. Machen Sie Ihre Präsentation zu etwas Besonderem!

Leicht gesagt, aber nicht so leicht getan. Um Ihnen den Einstieg zu erleichtern, geben wir Ihnen einige Regeln an die Hand, die Ihnen beim Layouten helfen sollen.

Drittel-Regel

Ein einfaches Prinzip, das auch in der Fotografie häufig angewandt wird, ist die Drittel-Regel: Wenn Sie Ihr Layout in horizontaler und vertikaler Richtung dritteln, so erhalten Sie ein Raster mit neun Feldern. Diese Felder lassen sich nun zur Platzierung von Texten und Bildern nutzen.

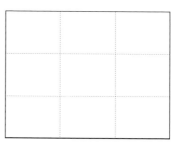

Vier Jahreszeiten
Frühling

Vier Jahreszeiten
Sommer

Vier Jahreszeiten
Herbst

Vier Jahreszeiten
Winter

Durch die Anwendung der Drittel-Regel erreichen Sie eine asymmetrische Gestaltung Ihrer Folien. Diese wirkt spannungsvoll, und dynamisch.

Goldener Schnitt

Es gibt eine weitere asymmetrische Aufteilung, die sowohl in der Malerei (siehe Grafik von Leonarda da Vinci) als auch in der Architektur immer wieder angewandt wurde: der Goldene Schnitt. Dieser teilt eine Seite ungefähr im Verhältnis 3:5 (exakt: 1:1,618) auf und wird als besonders ästhetisch und harmonisch empfunden. Beurteilen Sie selbst, ob Sie diese Empfindung teilen.

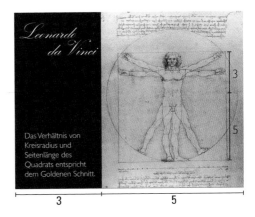

Das Verhältnis von Kreisradius und Seitenlänge des Quadrats entspricht dem Goldenen Schnitt.

Symmetrie

Symmetrie wird in der Gestaltung oft als statisch und langweilig empfunden. Es kann aber durchaus auch reizvoll sein, eine Folie exakt symmetrisch zu gestalten. Dies wird beispielsweise dadurch erreicht, dass ein symmetrisches Motiv exakt mittig platziert wird. Im Beispiel rechts wird der Eindruck durch die spiegelbildliche Schrift noch verstärkt.

Weißraum

Haben Sie den Mut zu leeren Flächen! Viele Präsentationen sind zu voll und überfordern den Betrachter mit einem Zuviel an Information. Bedenken Sie, dass Ihr Publikum den Inhalt Ihrer Folien nicht kennt und innerhalb weniger Sekunden erfassen muss. Dies ist nur möglich, wenn Sie sich beim Layout Flächen vorsehen, die frei bleiben. Der Fachbegriff hierfür lautet Weiß-raum. Wenn Sie einmal gezielt darauf achten, werden Sie fest-stellen, dass Sie auch mit leeren Flächen eine Wirkung erzielen können.

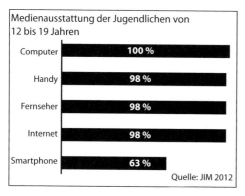

weniger gelungen

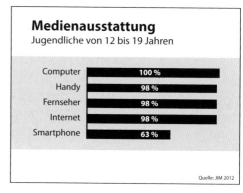

gelungen

Bewertung

Links wurde fast die gesamte Folienfläche genutzt. Auf einer Projektionswand mit mehreren Quadratmeter Fläche können die Informationen nicht auf einen Blick erfasst werden.

Rechts wurden die Informationen kompakt zusammenge-fasst. Sowohl die Grafik als auch die Schrift werden von einem Rand umgeben. Die graue Fläche hinter der Grafik sorgt dafür, dass diese als Einheit wahrgenommen wird. Dies liegt daran, dass unser Gehirn geschlossene Formen besser wahrnimmt als offene, man spricht vom *Gesetz der Geschlossenheit*. Die umgebenden weißen Flächen sorgen schließlich dafür, dass die Grafik optisch im Vordergrund steht.

Balance

Stellen Sie sich Ihre Folie als Brett vor, das auf einer Nagelspitze liegt. Es gibt nur einen einzigen Punkt, in dem das Brett exakt waagrecht liegt – in Balance ist. Wenn Sie nun etwas auf eine Hälfte des Bretts legen, dann gerät es aus dem Gleichgewicht und Sie müssen dafür sorgen, dass Sie es durch ein Gegenge-wicht auf der anderen Hälfte wieder in Balance bringen.

Auch beim Grafikdesign schaffen Sie Ungleichgewichte, z.B. durch Anwendung der Drittel-Regel oder des Goldenen Schnitts. Das Gleichgewicht wird durch den Weißraum bzw. Text im dritten Drittel der Folie wieder hergestellt.

weniger gelungen   *gelungen*

Das angeschnittene Foto in der linken Abbildung wirkt dominant und „erdrückt" den Text, der die eigentliche Botschaft der Folie enthält. Rechts stehen Foto und Text in einem harmonischeren Verhältnis. Der große Weißraum um den Text bringt diesen noch besser zur Geltung.

Bewertung

Lese(r)führung

Sie kennen dies: Wir stehen vor einem Automaten und verstehen dessen Bedienung nicht. Der Grund könnte sein, dass die Bedienoberfläche nicht sehr benutzerfreundlich gestaltet wurde. Benutzerfreundlichkeit wird im Fachbegriff als *Usability* bezeichnet.

Mit Präsentationen verhält es sich ganz ähnlich: Wenn es uns nicht gelingt, unsere Zuschauer mitzunehmen und zu führen, dann werden wir mit unserer Präsentation nicht das gewünschte Ergebnis erzielen. Durch die Gestaltung unserer Folien können wir bewusst darauf Einfluss nehmen, *wie* sie betrachtet und wahrgenommen werden.

Checkliste zur Leseführung

- *Wichtiges oben links – Unwichtiges unten rechts*
  Dies entspricht unserer Lesegewohnheit von links oben nach rechts unten. Verschwenden Sie nicht den wertvollen Platz im linken oberen Eck mit einer ständig wiederkehrenden Information wie z.B. dem Firmenlogo oder dem Thema – dies würde den Betrachter nach wenigen Folien langweilen.
- *Wichtiges groß – Unwichtiges klein*
  Je größer Sie einen Text oder ein Bild gestalten, umso eher wird es als Erstes wahrgenommen. Unwichtige Informationen wie Quellenangaben oder der eigene Name sollten hingegen dezent und unauffällig platziert werden.
- *Gleichartiges gleich gestalten*
  Wiederkehrende Elemente einer Präsentation, z.B. Überschriften, Logo, Datum, Thema, müssen sich immer an derselben Stelle befinden, damit sich der Betrachter daran orientieren kann. Ein Raster hilft dabei, diese Forderung zu erfüllen. Darüber hinaus können Sie in der Präsentationssoftware „Folienmaster" erstellen, die als Vorlage für alle Folien dienen.
- *Bilder vor Text*
  Bilder nehmen wir schneller wahr als Text. Beim Durchblättern einer Zeitschrift schauen wir immer zuerst auf die Bilder, danach auf den Text. Nutzen Sie dies bei Ihrer Präsentation, indem Sie möglichst viele Bilder und Grafiken verwenden. Wenn Text als Information wichtig ist, dann verteilen Sie diesen besser nach der Präsentation als Handout.
- *Farbführung*
  Durch die gezielte Platzierung von Farben beeinflussen Sie, wohin der Betrachter zuerst schauen wird. Lesen Sie mehr hierzu in Kapitel *Farbe* ab Seite 53.

Anwendungsbeispiele

Im Folgenden stellen wir Ihnen einige typische Präsentations-
layouts vor: In der rechten Grafik ist dabei jeweils das zugrundeliegende Raster dargestellt, links sehen Sie die Umsetzung
in eine Folie.

Layout mit Fuß- oder Kopfbereich

Manchmal ist es erwünscht, dass bestimmte Informationen
auf jeder Folie der Präsentation zu sehen sind. Dies kann beispielsweise eine Bildmarke (Logo), das Thema, Datum der Veranstaltung oder der Name des Präsentators sein.

Diese wiederkehrenden Informationen dürfen nicht zu auf-
dringlich platziert werden, da sie für den Betrachter wenig
„spannend" sind. Platzieren Sie deshalb diese Informationen
in einem separaten Fuß- oder eventuell auch Kopfbereich. Dieser kann z. B. farbig hinterlegt sein oder durch eine Linie vom
eigentlichen Inhalt abgetrennt werden.

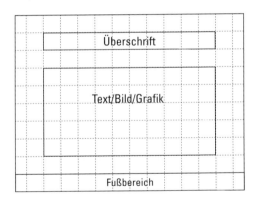 

Layout mit einheitlichen Rändern

Überlegen Sie sich gut, ob Sie die oben erwähnten Zusatzinformationen tatsächlich auf jeder Folie benötigen. Ihre Zuschauer
sind ja nicht dumm und wissen, wo sie sind und welches Datum wir haben.

Das Beispiel zeigt ein Layout ohne einen Fuß- oder Kopfbereich. Wichtig ist jedoch auch hier, dass Sie Ihre Texte und Bilder nicht willkürlich platzieren, sondern dass sie von einheitlichen Rändern umgehen sind.

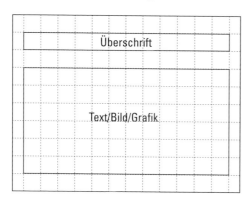

Wie Sie sehen bilden die vier Ränder einen Rahmen um das Bild, vergleichbar mit einem Bilderrahmen an der Wand. Wenn Sie statt Weiß eine dunkle Hintergrundfarbe wählen, dann kommen die Farben noch stärker zur Geltung.

Layout mit randabfallenden Bildern

Bilder dürfen, im Unterschied zu Text, bis an den Folienrand platziert werden – man spricht von randabfallenden Bildern. Randabfallende Bilder können eine sehr schöne Wirkung erzielen.

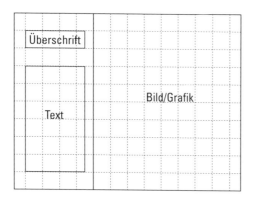

Das Beispiel zeigt ein Layout, das die Folie nach der Drittel-Regel aufteilt. Bei größerer Textmenge ist eine umgekehrte Lösung denkbar, bei der für das Bild ein Drittel und für den Text zwei Drittel des Platzes vorgesehen werden.

Layout mit formatfüllenden Bildern

Die Wirkung eines Bildes wird nochmals gesteigert, wenn es die gesamte Folienfläche bedeckt. Sie kennen dies aus ganzseiten Bildanzeigen in Zeitschriften.

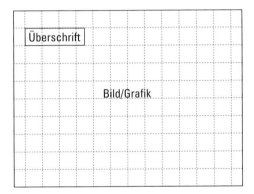

Wenn zusätzlich Text benötigt wird, dann muss unbedingt darauf geachtet werden, dass der Kontrast zwischen Schrift und Hintergrund ausreichend groß und der Hintergrund nicht zu unruhig ist. Verzichten Sie andernfalls lieber auf Text.

Kombination von Layouts

Bei längeren Präsentationen kann es sinnvoll sein, mehrere Layouts zu kombinieren, um dem Zuschauer Abwechslung zu bieten. So könnte beispielsweise ein Grundlayout wie links oben dargestellt durch einzelne Folien mit formatfüllenden Bildern ergänzt werden. Durch die Verwendung eines Rasters, eine einheitliche Typografie und Farbgestaltung stellen Sie sicher, dass der Zuschauer den berühmten roten Faden nicht verliert, sondern Ihre abwechslungsreiche Präsentation mit Interesse verfolgen wird.

Layouts für analoge Medien

Bisher haben wir uns mit dem Layouten von Bildschirmpräsentationen beschäftigt. Daraus sollten Sie aber keineswegs schließen, dass Sie beim Einsatz analoger Medien wie Tafel, Whiteboard oder Flipchart auf ein Layout verzichtet können – im Gegenteil!

Auch beim Einsatz dieser Medien müssen Sie sich im Vorfeld Gedanken darüber machen, wie und in welcher Abfolge Sie die Inhalte anordnen und präsentieren möchten. Wie bei digitalen Präsentationen gilt, dass Ihre Texte und Grafiken niemals willkürlich, sondern mit Hilfe eines (unsichtbaren) Gestaltungsrasters platziert werden. Dabei hilft, das Raster mit dünnen Linien oder Punkten auf dem Medium vorzuzeichnen.

weniger gelungen   gelungen

Das linke Beispiel zeigt ein Flipchart, bei dem ohne Vorplanung „losgeschrieben" wurde. Insgesamt ergibt es sich ein unharmonisches Layout, bei dem der Text im oberen Eck „klebt".

Im rechten Beispiel sehen Sie, wie mit wenigen Veränderungen eine deutlich bessere Wirkung erzielt werden kann. Das Layout besitzt hier einen einheitlichen Rahmen, Überschrift und Inhalt sind optisch klar getrennt und die Zeilenabstände sind ungefähr gleich.

Die wichtigsten Regeln zur Erstellung analoger Layouts finden Sie in der Checkliste zusammengefasst:

Bewertung

Checkliste für analoge Layouts

- *Niemals ohne Konzept*
  Das Beispiel links zeigt – ohne Konzept geht es nicht. Entwerfen Sie Ihr Layout auf Papier. Zeichnen Sie das Format Ihres Mediums verkleinert, aber maßstäblich auf und entwerfen Sie hierauf Ihr Layout.
- *Präsentationsmedium vorbereiten*
  Bereiten Sie Ihr Präsentationsmedium mit feinen Hilfslinien oder Hilfspunkte vor.
- *Schreiben üben*
  Schreiben auf großen Flächen mit dicken Stiften oder Kreide ist ungewohnt. Leicht passiert es, dass die Buchstaben kleiner oder größer und die Zeilen schräg werden. Üben Sie in Ruhe und betrachten Sie das Ergebnis aus der Ferne.
- *Gleichartiges gleich gestalten*
  Sich wiederholende Elemente, wie z. B. Aufzählungspunkte, müssen gleich gestaltet werden. Abweichungen (links die rote Zeile) müssen begründet sein.
- *Farbe gezielt einsetzen*
  Setzen Sie Farbe bewusst ein. Im Beispiel springt die rote Zeile sofort ins Auge. Durch gezielten Farbeinsatz steuern Sie die Aufmerksamkeit des Betrachters.

Multimedia

Einführung

Mit jedem Smartphone können Sie heute Fotos, Sounds oder Videos in brauchbarer bis guter Qualität aufnehmen. Warum also nicht ein Experiment filmen, ein Interview führen oder zu Beginn einer Präsentation eine passende Musik einspielen?

Aus technischer Sicht ist das Erstellen und Präsentieren multimedialer Inhalte einfach geworden. Doch nicht alles, was technisch möglich ist, ist damit auch gleich sinnvoll. Sie müssen sich deshalb im Vorfeld über die didaktischen Aspekte Gedanken machen, also über die Frage, ob der Einsatz multimedialer Inhalte in einer Präsentationen zielführend ist und einen *echten Mehrwert* darstellt oder nicht. Nur wenn diese Frage eindeutig mit Ja zu beantworten ist, lohnt sich die Auseinandersetzung mit diesem Thema.

Fragen zum Einsatz von multimedialen Inhalten

- Wer ist meine Zielgruppe?
- Kann ich meine Zielgruppe mit multimedialen Inhalten ansprechen und begeistern?
- Eignet sich mein Thema für den Einsatz multimediaer Inhalte?
- Gibt es Inhalte, die sich mit Multimedia (besser) darstellen lassen als ohne?
- Habe ich das Equipment und das Knowhow, um Multimedia einzusetzen?
- Habe ich Gelegenheit, meine multimediale Präsentation vor Ort zu testen?

Was sind multimediale Inhalte?

In den ersten Kapiteln haben wir über Text, Bilder, Grafiken und Farben gesprochen. Hierbei gilt:

- Die Textmenge in einer Präsentation sollte auf möglichst wenige Stichpunkte beschränkt sein, da Sie diese Inhalte viel besser verbal, also mittels Sprache, kommunizieren können.
- Bilder und Farben sprechen unseren Sehsinn an und bereichern jede Präsentation. Bilder können Sie nicht durch Sprache ersetzen – sie müssen gezeigt werden. Mit Bildern können Sie Ihr Publikum auf eine emotionale Weise ansprechen.
- Mit Grafiken und Diagrammen lassen sich auch komplizierte Zusammenhänge anschaulich und verständlich darstellen.

Gemeinsames Merkmal der oben genannten Inhalte ist, dass sie zeitunabhängig sind, sich also nicht verändern. Bei multimedialen Inhalten handelt es sich im Unterschied dazu um *zeitabhängige Medien*: Hierbei werden unterschieden:

Zeitunabhängige Inhalte:
Text
Bild
Grafik
Diagramm

Multimediale Inhalte:
2D-Animation
3D-Animation
Video
Sound

Animationen

Bei *Animationen* wird zwischen flächigen, zweidimensionalen (2D-)Animationen und räumlichen, dreidimensionalen (3D-)Animationen unterschieden. Die Erstellung von 3D-Animationen ist anspruchsvoll und erfordert spezielle Software. Einfache 2D-Animationen können Sie mit Präsentationssoftware erstellen.

Videos

Videos erfreuen sich durch die heutigen technischen Möglichkeiten einer großen Beliebtheit. Auf sehr vielen Webseiten finden Sie Videoclips und auf Youtube lassen sich zu fast allen Themen Videos finden.

Sound

Bei *Sound* kann es sich um Sprache, Musik oder um Geräusche handeln. Stellen Sie den Ton bei einem Spielfilm ab, dann merken Sie, wie groß seine Bedeutung im Film ist.

Animation

Bei Animation denken Sie vielleicht an heutige Animationsfilme, die mit einem enormen technischen Aufwand und großer Manpower produziert werden. Darum geht es hier nicht.

Wir möchten Ihnen vielmehr zeigen, wie Sie durch einfache Animationen die Aufmerksamkeit Ihres Publikums steuern und Sachverhalte besser erklären können.

Ein- und Ausblenden

Wir haben bereits mehrfach darauf hingewiesen, dass die Textmenge in einer Präsentation möglichst klein sein sollte. Selten wird es jedoch gelingen, auf Text komplett zu verzichten. Dies ist auch nicht das Ziel, denn durch sinnvoll gewählte Schlüsselbegriffe können Sie Ihrem Publikum dabei helfen, Ihrem Vortrag zu folgen. Betrachten Sie die Folie links: Wenn diese Folie gezeigt wird, dann liest das Publikum den gesamten Text. Dies kann von Ihnen gewünscht sein, z. B., um eine Inhaltsübersicht zu zeigen. Möchten

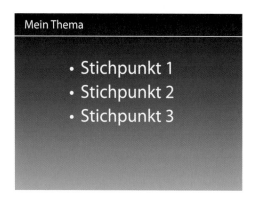

Sie jedoch längere Zeit über Stichpunkt 1 referieren, dann ist es nicht erwünscht, dass sich Ihr Publikum durch das Lesen der anderen Stichpunkte ablenken lässt. In diesem Fall ist es also sinnvoll, dass die anderen Stichpunkte zunächst unsichtbar sind und erst bei Bedarf von Ihnen eingeblendet werden. Wer-

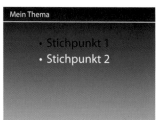
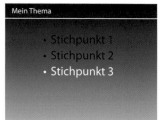

den zusätzlich die bereits besprochenen Stichpunkte farblich so geändert, dass sie optisch in den Hintergrund treten, können Sie die Aufmerksamkeit Ihres Publikums noch stärker auf den gerade zu besprechenden Stichpunkt fokussieren.

Natürlich können Sie nicht nur Texte auf diese Art animieren, auch Tabellen, Diagramme und Grafiken können – wie bei einem Tafelbild – nach und nach ergänzt und hierdurch besser nachvollzogen werden.

Die Animation eines Textes und eines Diagramms mit Power-Point bzw. Impress finden Sie in den jeweiligen Kapiteln.

Animierte Grafiken

In welche Richtung dreht sich das blaue Zahnrad? Auch mit gutem technischen Vorstellungsvermögen müssen Sie einige Zeit überlegen, bis Sie die Antwort wissen: gegen den Uhrzeigersinn.

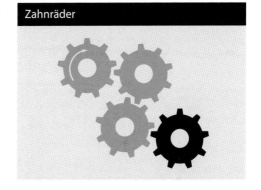

Sie hätten die Frage sofort beantworten können, wenn die Zahnräder animiert wären, sich also drehen würden. Dies können wir in einem Buch nicht realisieren, mit einer Präsentationssoftware geht dies relativ einfach. Das Beispiel zeigt, dass eine Animation in diesem Fall einen echten Mehrwert bietet, da sie etwas zeigt, dass sich nicht oder nur schlecht beschreiben lässt. Auch das Funktionsprinzip eines Flaschenzugs ist wesentlich leichter verständlich, wenn die Grafik animiert ist.

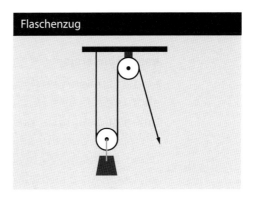

Die Möglichkeiten, mit einer Präsentationssoftware Animationen zu erstellen, sind relativ begrenzt. Für aufwändige Animationen kommt andere Software wie Flash, After Effects, Blender oder Cinema 4D zum Einsatz. Einfache Drehungen A oder lineare Bewegungen B entlang eines Animationspfads lassen sich jedoch auch mit einer Präsentationssoftware realisieren. Mit relativ geringem Aufwand können Sie hierbei eine große Wirkung erzielen.

Animation als Videoclip

Nicht immer müssen Sie das Rad neu erfinden! Im Internet finden Sie beispielsweise auf Youtube zahllose Animationen zu sehr vielen Themen. Da diese Videos öffentlich zugänglich sind, dürfen Sie sie, natürlich mit Quellenangabe, während einer Präsentation zeigen. Ein Internetanschluss ist hierfür Voraussetzung, denn Youtube gestattet lediglich das Abspielen (Streamen) von Videos, nicht jedoch den Download als Datei. Weitere Informationen hierzu finden Sie im nächsten Abschnitt.

PowerPoint-Animationen

Keine Spielereien

Leider stellen uns Präsentationsprogramme – siehe Screenshot oben – eine Vielzahl von digitalen Effekten bereit, deren Sinnhaftigkeit beim besten Willen nicht erkennbar ist.

Deshalb lautet unsere Bitte: Verzichten Sie auf Effekte, wenn diese zu keiner Verbesserung der Darstellung beitragen. Dies gilt auch für alle mehr oder weniger „lustig" animierten Grafiken, wie sie uns viele Clipart-Sammlungen bereitstellen. Sie machen sich damit unglaubwürdig und werten Ihre Präsentation ab.

Video

Sie halten ein Referat über die Ostverträge und zeigen einen Ausschnitt aus einer Rede Willi Brandts. Sie präsentieren in Ihrer Abschlussarbeit ein selbst entwickeltes technisches Gerät, dessen Konstruktion Sie mittels Handykamera dokumentiert haben. Sie zeigen das Interview mit einem Lokalpolitiker, den Sie während des Interviews filmen durften.

Die Beispiele zeigen, dass Videos ihre Berechtigung in Präsentation haben können. Dabei geht es nicht darum, Sie als Präsentierenden überflüssig zu machen, sondern Botschaften zu vermitteln, die ohne Video nicht möglich wären.

Technische Grundlagen

Grundsätzlich unterscheidet sich das Einfügen eines Videos in die Präsentation nicht vom Einfügen eines Bildes. Dennoch kann es leicht passieren, dass das Video nicht abgespielt wird. Die Ursache hierfür ist, dass der hierfür erforderliche sogenannte *Codec* im Betriebssystem fehlt oder von der Präsentationssoftware nicht unterstützt wird.

Videocodecs

Bei einem Video handelt es sich um eine Folge von 25 Einzelbildern, die pro Sekunde nacheinander angezeigt werden müssen. Sie können sich ausrechnen, dass bei so vielen Bildern sehr große Datenmengen entstehen. Damit ein Video gespeichert und in Echtzeit abgespielt werden können, ist es erforderlich, diese Datenmenge massiv zu reduzieren. Hierfür ist ein sogenannter Encoder zuständig. Für die Wiedergabe des Videos müssen die Daten wieder decodiert werden. Eine Sofware, die enkodieren und dekodieren kann, wird als Codec bezeichnet. Beispiele für derzeit wichtige Codecs sind:

- MPEG
- H.264
- DivX

Videoformate

Leider wird es noch komplizierter, denn bei den Codecs handelt es sich um keine Dateiformate, sondern lediglich um das Verfahren, wie die Videodaten behandelt werden.

Zu einem Video gehört im Normalfall Ton dazu, bei DVDs werden noch Untertitel benötigt. Alles zusammen muss in die Videodatei gepackt werden. Wichtige Videoformate sind:

- .avi
- .mp4
- .wmv

Der Haken an der Sache ist, dass die Dateiendnung nichts über den verwendeten Codec verrät. Aus diesem Grund kommt es vor, dass ein Video nicht abgespielt wird, obwohl es in der Präsentationssoftware als mögliches Videoformat aufgelistet ist. Folgende Maßnahmen können Sie treffen:

- Konvertieren Sie das Video in ein anderes Format. Im Internet werden zahlreiche kostenlose Videokonverter angeboten, sehr gut ist die Software *Any Video Converter* (http://www.any-video-converter.com/products/for_video_free/), die es auch in einer kostenlosen Version gibt. Die

Video-Konverter
Mit Any-Video-Converter können Sie Ihr Video in andere Formate umrechnen.

Software kann Videos in alle möglichen Formate umrechnen. Hierzu laden Sie zunächst die zu konvertierende Videodatei A, wählen das Zielprofil B aus und betätigen den Konvertieren-Button C. Testen Sie verschiedene Formate, bis Sie ein geeignetes Format gefunden haben.

- Installieren Sie weitere Video-Codecs im Betriebssystem. Für MP4-Videos empfiehlt sich die Installation von *Apple Quicktime* (http://www.apple.com/de/quicktime/download/). Testen Sie im Anschluss, ob die Videos nun in der Präsentation funktionieren.
- Testen Sie, ob das Video in einem externen Videoplayer funktioniert. Ein bewährter Player ist *VLC*, den Sie unter http://www.videolan.org/vlc/ herunterladen können. Funktioniert das Video in diesem Player, aber in der Präsentationssoftware nicht, dann wechseln Sie während der Präsentation kurzzeitig zum Videoplayer.

Die wichtigste Erkenntnis dieses Abschnitts ist:

> Testen Sie Videos immer auf dem Rechner, mit dem Sie präsentieren!

Videos aufnehmen

Bei eigenen Videoaufnahmen sollten Sie folgende Grundregeln beachten:

Checkliste für Videoaufnahmen

- Achten Sie auf ausreichende Beleuchtung. Der Hintergrund darf nicht heller sein als das zu filmende Objekt.
- Direktes Licht auf das Objekt führt zur unschönen Schatten. Beleuchten Sie indirekt, z. B. über eine Wand oder die Decke.

- Verwenden Sie, falls vorhanden, ein Stativ. Ist dies nicht möglich, dann stützen Sie Ihren Arm bzw. Ihre Hand so auf, dass Sie die Kamera längere Zeit ruhig halten können.
- Vermeiden Sie Zoomen und Schwenken der Kamera. Dies ist unprofessionell und stört den Zuschauer.
- Achten Sie auf die Kameraperspektive: Bei Menschen sollte sich die Kamera ungefähr in Augenhöhe befinden. Filmen von oben (Vogelperspektive) lässt Menschen klein erscheinen, von unten (Froschperspektive) macht sie groß und mächtig. Achten Sie einmal in Spielfilmen darauf!
- Machen Sie Aufnahmen aus verschiedenen Einstellungen: Mit einer Totalen verschaffen Sie Orientierung und Überblick, mit einer Nahaufnahme sind Sie nahe am Geschehen, eine Detailaufnahme zeigt wichtige Feinheiten. Mit einer Schnittsoftware können Sie die Aufnahmen später schneiden.
- Sorgen Sie für Ruhe, damit Ihre Aufnahme keine störenden Geräusche enthält.

Videos schneiden

Im einfachsten Fall nehmen Sie Ihren Videoclip am Stück auf. In diesem Fall benötigen Sie keine Schnittsoftware zur nachträglichen Bearbeitung des Videos. Professioneller wirkende Ergebnisse erzielen Sie allerdings, wenn Sie Ihren Videoclip mit Hilfe

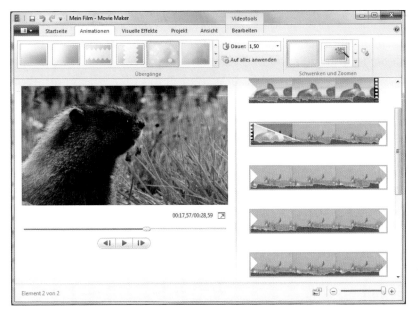

Video-Schnitt
Der Windows
Movie Maker
ist kostenlos
und reicht
für einfache
Schnittaufga-
ben völlig aus.
Apple-Usern
steht iMovie
zur Verfügung.

einer Software schneiden und danach im geeigneten Format abspeichern. Im Internet finden Sie auch hierfür kostenlose Programme, z. B. den *Windows Movie Maker* (http://windows. microsoft.com/de-DE/windows-live/movie-maker-get-started). Wenn Sie mit einem Apple-Computer arbeiten, dann steht Ihnen dort die Software *iMovie* zur Verfügung. Mit der Software können Sie auf einfache Weise

- Videoclips schneiden,
- mehrere Clips in die gewünschte Reihenfolge bringen,
- Texte im Clip ergänzen,
- Clips überblenden,
- Musik oder einen gesprochenen Kommentar hinzufügen,
- das Video mit einem Titel und Abspann versehen,
- das fertige Video in verschiedenen Dateiformaten ausgeben.

Videos streamen

Wenn Sie eine Präsentation über die erste Mondlandung oder über die deutsche Wiedervereinigung halten müssen, dann können Sie kein eigenes Video aufnehmen. Im Internet, v. a. in

Youtube, gibt es jedoch zahlreiche, teilweise sehr gute Videos zu allen möglichen Themen. Zwar ist es nicht zulässig, diese Clips herunterzuladen und zu abzuspeichern. Das als Streaming bezeichnete direkte Abspielen des Videos ist jedoch urheberrechtlich unbedenklich. Einzige Voraussetzung für Video-Streaming ist, dass der Rechner, mit dem Sie präsentieren, einen Internetzugang besitzt, der schnell genug ist, um Video-Streaming zu ermöglichen.

Bei *PowerPoint* haben Sie die Möglichkeit, gestreamte Videos direkt in Präsentationen einzubinden (siehe Seite 202), bei *Impress* von OpenOffice oder LibreOffice geht dies derzeit nicht. In diesem Fall müssten Sie für das Abspielen des Videos einen Webbrowser benutzen.

Sound

Sound wird in Präsentationen eher selten eingesetzt. Dabei gibt es durchaus Möglichkeiten, Sound als multimediales Element in eine Präsentation zu integrieren: Vor dem Beginn läuft, während die Titelfolie zu sehen ist, eine zum Thema passende Musik. Während der Präsentation werden Originaltöne (O-Töne) eingespielt, z. B. eines geführten Interviews. Oder aber Sie unterstützen eine Animation akustisch durch entsprechende Geräusche. Je mehr Sinne durch eine Präsentation angesprochen werden, um so eher wird sie im Gedächtnis bleiben.

Technische und rechtliche Grundlagen

Während Sie im Video-Kapitel von den technischen Schwierigkeiten erfahren haben, die Videos in Präsentationen mit sich bringen können, gibt es mit Sounddateien keine Probleme. Alle gängigen Standardformate von Sounds werden durch die Präsentationssoftware unterstützt:

- .mp3
- .wav
- .aif

Von größerer Bedeutung ist das Urheberrecht. Sounds sind wie Bilder und Videos urheberrechtlich geschützt, so dass sie ohne Lizenz nicht in der Öffentlichkeit abgespielt werden dürfen. Im Musikbereich ist für die Lizenzierung die GEMA zuständig, an die Sie auch Ihre Rundfunkgebühren abführen müssen.

Spielen Sie Ihre Sounds jedoch im nicht-öffentlichen Bereich ab, z. B. innerhalb einer Klasse oder eines Studienseminars, dann ist dies gemafrei möglich.

Sound aufnehmen

Einfache Sprachaufnahmen oder Alltagsgeräusche können Sie mit einem Smartphone aufnehmen. Wenn Sie mit dem Mikrofon relativ nahe an die Soundquelle gehen, vermeiden Sie, dass störende Nebengeräusche aufgenommen werden.

Sound bearbeiten

Um einen Sound auf die gewünschte Länge zu bringen, seine Lautstärke anzupassen und möglicherweise ein- oder auszublenden, bietet sich die Verwendung des kostenlosen Audioeditors *Audacity* (http://audacity.sourceforge.net/download/) an.

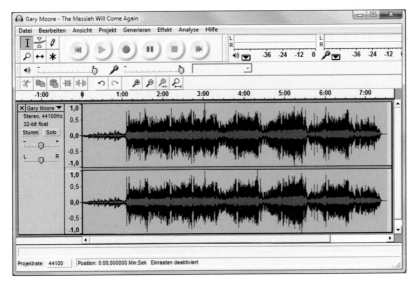

Audioeditor
Audacity ist kostenlos und bietet alles, was Sie für die Vorbereitung Ihrer Sounds benötigen.

Medien

Das passende Medium

Beamer oder Flipchart? Visualizer oder Whiteboard? Zur Planung einer Präsentation gehört zwangsläufig die Auswahl eines oder mehrerer Präsentationsmedien.

Häufig fällt dann die Entscheidung schnell auf eine Power-Point-Präsentation am Beamer. Dies muss aber keineswegs die beste Lösung sein: Vielleicht möchten Sie das Publikum einbeziehen und Beiträge notieren? Oder Schritt für Schritt ein Schaubild entwickeln? Vielleicht möchten Sie ja auch flexibel und unabhängig von Technik sein? Oder Sie möchten etwas machen, das nicht oft zu sehen ist? – In all diesen Fällen wäre „PowerPoint" die falsche Wahl.

Checkliste zur Medienwahl

In diesem Kapitel lernen Sie alle derzeit aktuellen Präsentationsmedien kennen. Dabei stellen wir in einem Pro-Contra-Vergleich deren Vorteile sowie mögliche Nachteile bzw. „Stolpersteine" gegenüber. Um Ihnen die Entscheidung für das *für Ihre Zwecke am besten geeignete Präsentationsmedium* zu erleichtern, dient die rechts gezeigte Checkliste. Sie finden Sie als Kopiervorlage auch im Anhang. Zur Nutzung der Checkliste gehen Sie folgendermaßen vor:

- Kopieren Sie die Checkliste.
- Kreuzen Sie in der Checkliste an, welche Aussagen für ihre Präsentation zutreffen und welche Aussagen nicht zutreffen.
- Streichen Sie alle Zeilen, in denen Sie „trifft nicht zu" angekreuzt haben.
- Zählen Sie für jedes Medium spaltenweise die Punkte zusammen und tragen Sie die Summe in der letzten Zeile ein.
- Das Medium mit den meisten Punkten ist für Ihre Präsentation am besten geeignet.

	trifft zu	trifft nicht zu	Beamer	Visualizer	Interaktives Whiteboard	OH-Projektor	Whiteboard/Tafel	Flipchart	Metaplan	Plakat
Mein Publikum besteht aus etwa 10 Personen.			2	2	3	2	3	3	3	3
Mein Publikum besteht aus bis zu 50 Personen.			3	3	2	3	2	0	1	0
Mein Publikum besteht aus über 100 Personen.			3	3	1	3	1	0	0	0
Professionelle Gestaltung ist mir wichtig.			3	2	3	2	1	1	0	1
Ich lege Wert auf farbige Grafiken und Bilder.			3	2	3	1	0	0	0	2
Das Handling soll möglichst einfach sein.			2	1	1	3	3	3	2	3
Die Präsentation muss flexibel (transportabel) sein.			2	2	0	1	0	1	1	3
Meine technischen Kenntnisse sind gering.			1	2	1	3	3	3	3	3
Ich will das Publikum stark einbeziehen.			0	2	3	2	2	3	3	1
Ich bereite mich am liebsten am Computer vor.			3	2	3	2	0	0	0	1
Mein Publikum sollen ein Handout erhalten.			3	2	3	2	0	0	0	0
Ich möchte mit Animationen arbeiten.			3	0	3	0	0	0	0	0
Ich möchte eher moderieren als präsentieren.			0	2	3	2	2	3	3	1
Die Informationen sollen die ganze Zeit sichtbar sein.			0	0	0	0	3	0	3	3
Ich habe wenig Zeit für die Vorbereitung.			1	2	0	2	3	3	3	1
Die Präsentation muss mehrfach wiederholt werden.			3	2	3	2	1	1	1	2
Mir liegen die Bilder und Texte als Dateien vor.			3	1	3	1	0	0	0	2
Ich will Gegenstände zeigen.			0	3	0	0	0	0	0	0
Ich möchte Sound und Video einsetzen.			3	0	3	0	0	0	0	0
Ich will die Präsentation optimal vorbereiten können.			3	3	3	3	1	2	0	3
Summen										

Für meine Präsentation eignen sich folgende Medien:

Anwendungsbeispiele

Zwei Beispielen zeigen die Anwendung der Checkliste:

Szenario 1: Präsentation einer Projektarbeit

Ihre Aufgabe ist es, eine technische Projektarbeit vor zwanzig Mitschülern/-studenten zu präsentieren. Dabei möchten Sie u.a. Schaltpläne zeigen. Die Vorbereitung erfolgt am Computer. Die Teilnehmer sollen sich zur Projektarbeit äußern und Verbesserungen machen können.

	trifft zu	trifft nicht zu	Beamer	Visualizer	Interaktives Whiteboard	OH-Projektor	Whiteobard/Tafel	Flipchart	Metaplan	Plakat
Mein Publikum besteht aus etwa 10 Personen.		x	2	2	3	2	3	3	3	3
Mein Publikum besteht aus bis zu 50 Personen.	x		3	3	2	3	2	0	1	0
Mein Publikum besteht aus über 100 Personen.		x	3	3	1	3	1	0	0	0
Professionelle Gestaltung ist mir wichtig.	x		3	2	3	2	1	1	0	1
Ich lege Wert auf farbige Grafiken und Bilder.	x		3	2	3	1	0	0	0	2
Das Handling soll möglichst einfach sein.		x	2	1	1	3	3	3	2	3
Die Präsentation muss flexibel (transportabel) sein.		x	2	2	0	1	0	1	1	3
Meine technischen Kenntnisse sind gering.		x	1	2	1	3	3	3	3	3
Ich will das Publikum einbeziehen.	x		0	2	3	2	2	3	3	1
Ich bereite mich am liebsten am Computer vor.	x		3	2	3	2	0	0	0	1
Mein Publikum sollen ein Handout erhalten.	x		3	2	3	2	0	0	0	0
Ich möchte mit Animationen arbeiten.		x	3	0	3	0	0	0	0	0
Ich möchte eher moderieren als präsentieren.		x	0	2	3	2	2	3	3	1
Die Informationen sollen die ganze Zeit sichtbar sein.		x	0	0	0	0	3	0	3	3
Ich habe wenig Zeit für die Vorbereitung.		x	1	2	0	2	3	3	3	1
Die Präsentation muss mehrfach wiederholt werden.		x	3	2	3	2	1	1	1	2
Mir liegen die Bilder und Texte als Dateien vor.	x		3	1	3	1	0	0	0	2
Ich will Gegenstände zeigen.	x		0	3	0	0	0	0	0	0
Ich möchte Sound und Video einsetzen.		x	3	0	3	0	0	0	0	0
Ich will die Präsentation optimal vorbereiten können.	x		3	3	3	3	1	2	0	3
Summen			21	20	23	16	6	6	4	7

Das interaktive Whiteboard ermöglicht die gewünschte Kombination aus Präsentation und Moderation. Wenn dieses Medium nicht zur Verfügung steht, können Sie alternativ Beamer und Visualizer kombinieren.

Szenario 2: Planung einer Abschlussfeier

Sie sind Kurssprecher und wollen mit Ihren Mitschülern/-studenten die bevorstehende Abschlussfeier besprechen. Hierbei sollen Ideen gesammelt, Aufgaben verteilt und ein Zeitplan erstellt werden.

	trifft zu	trifft nicht zu	Beamer	Visualizer	Interaktives Whiteboard	OH-Projektor	Whiteobard/Tafel	Flipchart	Metaplan	Plakat
Mein Publikum besteht aus etwa 10 Personen.		x	2	2	3	2	3	3	3	3
Mein Publikum besteht aus bis zu 50 Personen.	x		3	3	2	3	2	0	1	0
Mein Publikum besteht aus über 100 Personen.		x	3	3	1	3	1	0	0	0
Professionelle Gestaltung ist mir wichtig.		x	3	2	3	2	1	1	0	1
Ich lege Wert auf farbige Grafiken und Bilder.		x	3	2	3	1	0	0	0	2
Das Handling soll möglichst einfach sein.	x		2	1	1	3	3	3	2	3
Die Präsentation muss flexibel (transportabel) sein.		x	2	2	0	1	0	1	1	3
Meine technischen Kenntnisse sind gering.		x	1	2	1	3	3	3	3	3
Ich will das Publikum einbeziehen.	x		0	2	3	2	2	3	3	1
Ich bereite mich am liebsten am Computer vor.		x	3	2	3	2	0	0	0	1
Mein Publikum sollen ein Handout erhalten.		x	3	2	3	2	0	0	0	0
Ich möchte mit Animationen arbeiten.		x	3	0	3	0	0	0	0	0
Ich möchte eher moderieren als präsentieren.	x		0	2	3	2	2	3	3	1
Die Informationen sollen die ganze Zeit sichtbar sein.	x		0	0	0	0	3	0	3	3
Ich habe wenig Zeit für die Vorbereitung.	x		1	2	0	2	3	3	3	1
Die Präsentation muss mehrfach wiederholt werden.		x	3	2	3	2	1	1	1	2
Mir liegen die Bilder und Texte als Dateien vor.		x	3	1	3	1	0	0	0	2
Ich will Gegenstände zeigen.		x	0	3	0	0	0	0	0	0
Ich möchte Sound und Video einsetzen.		x	3	0	3	0	0	0	0	0
Ich will die Präsentation optimal vorbereiten können.		x	3	3	3	3	1	2	0	3
Summen			6	10	9	12	15	12	15	9

Sie sehen, dass in diesem Fall je nach Ausstattung Ihres Präsentationsraums die Medien Whiteboard/Tafel oder Metaplan die beste Wahl sind.

Beamer

Beamer, die korrekterweise als Daten- oder Videoprojektoren bezeichnet werden, sind das wichtigste und am meisten genutzte Präsentationsmedium.

Heutige Beamer sind handlich, leicht und flexibel einsetzbar. Die Anschaffungskosten für Beamer sind deutlich gesunken, ihre Qualität hat sich hingegen verbessert. Gute Beamer sind mittlerweile so lichtstark, dass eine Verdunklung des Raums nicht mehr nötig ist. In Kombination mit einem Laptop oder Tablet-PC steht ein Präsentationsmedium zur Verfügung, das sich problemlos in einer Tasche transportieren lässt. Alternativ sind Beamer in Kombination mit Visualizern oder interaktive Whiteboards einsetzbar. Immer öfter sind Beamer in Klassen-

Pro	Contra
▪ Professionelle Vorbereitung und Gestaltung möglich	▪ Abhängigkeit von Technik (Lampendefekt, sonstiges technisches Problem)
▪ Flexibler Einsatz auch bei großem Publikum und in großen Sälen	▪ Häufig genutztes Medien, kann langweilig wirken
▪ Multimedialer Einsatz durch Sound, Video und Animationen	▪ Vergleichsweise hohe Anschaffungskosten
▪ Einfache Erstellung eines Handouts oder einer Präsentationsmappe	
▪ Keine Kosten für Stifte, Folien usw.	

zimmern oder Schulungsräumen bereits an der Decke montiert. Beamer eignen sich für Präsentationen vor kleinem oder großem Publikum, z. B. in Hörsälen. Beamer-Präsentationen wirken, wenn sie gut gemacht sind, professionell. Umgekehrt wertet eine schlechte „PowerPoint" eine Präsentation ab.

Der wesentliche Nachteil des Beamereinsatzes ist die Abhängigkeit von der Technik: Bei Ausfall der Lampe oder einem anderen technischen Problem ist Ihre schöne Präsentation unbrauchbar. Für diesen Fall sollten Sie immer einen „Plan B" in der Tasche haben, z. B. ein Satz Overhead-Folien.

Vorbereitung

Nehmen Sie sich Zeit, um Ihre Bildschirmpräsentation in Ruhe vorzubereiten – hierdurch vermeiden Sie Stress und böse Überraschungen. Stellen Sie folgende Komponenten zusammen:
- Laptop (Tablet-PC, stationärer Computer)
- Beamer (falls nicht montiert)
- Verbindungskabel (VGA, HDMI)
- Evtl. Adapterstecker bei Verwendung eines Macbooks
- Evtl. Mehrfachsteckdose und Verlängerungskabel
- Presenter zur „Fernsteuerung" Ihrer Präsentation

Anschluss

Zur Verbindung eines Beamers mit dem Computer gibt es mehrere Möglichkeiten:
- Der Beamer wird über den analogen *VGA-Anschluss* mit der Grafikkarte des Computers verbunden.
- Heutige Geräte besitzen einen digitalen *HDMI-Anschluss*, der eine bessere Bildqualität ermöglicht.
- Beamer mit *WLAN* werden kabellos angesteuert.
- Beamer mit Netzwerkanschluss (LAN) lassen sich in ein vorhandenes Netzwerk integrieren und sind danach von jedem Rechner aus benutzbar.

Schalten Sie beide Geräte ein. Normalerweise erkennen alle modernen Betriebssysteme (Windows Vista, 7, 8, Mac OS X) angeschlossene Beamer und schalten das Bildsignal durch. Zeigt der Beamer kein Bild, dann prüfen Sie, ob

- alle Stecker korrekt eingesteckt sind,
- das korrekte Eingangssignal am Beamer gewählt wurde,
- in den Systemeinstellungen das Anzeigen mehrerer Monitore (Klonen) eingestellt ist A.
- in den Systemeinstellungen eine Auflösung eingestellt ist, die der Beamer darstellen kann B. Die Tabelle unten gibt eine Übersicht über gängige Auflösungen, deren Bezeichnung sowie das Bildverhältnis. Letzteres spielt für das Layout Ihrer Präsentation eine Rolle (siehe Seite 118). Ist Ihnen die Auflösung des Beamers nicht bekannt, können Sie diese im Internet auf der Homepage des Herstellers leicht herausfinden.

Bildschirmauflösung (Windows 7)

Einstellungen

Name	Auflösung (Pixel)	Seitenverhältnis
XGA	1024 x 768	4 : 3
WXGA	1280 x 800	16 : 10
HD 720	1280 x 720	16 : 9
HD 1080	1920 x 1080	16 : 9
WUXGA	1920 x 1200	16 : 10

Wenn der Beamer nicht fest installiert und an die Projektionsfläche angepasst ist, müssen Sie diese Anpassung manuell vornehmen:

Bildschärfe

Stellen Sie die Bildschärfe durch Drehen des Stellrades am Objektiv des Beamers ein.

Bildgröße

Zur Anpassung der Bildgröße stellt Ihnen der Beamer am Objektiv ein Zoomrad zur Verfügung. Reicht dies zur Korrektur nicht aus, müssen Sie den Abstand zur Projektionswand verändern.

Horizontale Verzerrung

Wird das Bild schräg dargestellt, ist der Beamer nicht parallel zur Projektionswand ausgerichtet. Drehen Sie den Beamer, um die Verzerrung zu korrigieren.

Vertikale Verzerrung

Wird das Bild schräg von unten (Tisch) oder oben (Decke) auf die Projektionsfläche projiziert, ergibt sich zwangsläufig eine trapezförmige Verzerrung. Um diese auszugleichen, besitzen Beamer eine elektronische *Trapez- oder Keystone-Korrektur*.

Helligkeit und Kontrast

Blenden Sie das Steuerungsmenü des Beamers ein. Verändern Sie bei Bedarf die Helligkeits- und Kontrastwerte des Beamers.

Presenter

Mit Hilfe eines Presenters wird es möglich, mittels Fernbedienung in der Präsentation zu blättern. Dies gibt Ihnen die Gelegenheit, sich in die Nähe des Publikums zu begeben und ab und zu die Position im Raum zu wechseln.

Eine weitere nützliche Funktion eines Presenters ist ein Laserpointer, mit dem Sie die Aufmerksamkeit des Publikums auf bestimmte Stellen Ihrer Folien richten können.

Presenter

Visualizer

Visualizer, auch als Dokumentenkameras bezeichnet, sind aus einem modernen Unterricht kaum mehr wegzudenken.

Herzstück des Präsentationsmediums ist eine Kamera, mit der sich über einen Beamer nicht nur Bücher, Fotos, Grafiken und Texte präsentieren lassen, sondern auch Gegenstände oder ganze Versuchsaufbauten. So kann beispielsweise ein chemisches oder physikalisches Experiment live am Beamer mitverfolgt werden – kein anderes Medium bietet diese Möglichkeit. Da die Kamera in die Horizontale gedreht werden kann, können Sie auch große Gegenstände oder Personen auf der Projektionsfläche darstellen. Visualizer sind deshalb sehr flexibel auch

Pro	Contra
▪ Professionelle Vorbereitung und Gestaltung möglich ▪ Flexibler Einsatz auch bei großem Publikum und in großen Sälen ▪ Präsentation von Gegenständen ▪ Beiträge des Publikums können notiert werden ▪ Beliebige Stifte verwendbar ▪ Kombination mit Bildschirmpräsentation einfach	▪ Abhängigkeit von Technik (Beamerlampe defekt, sonstiges technisches Problem) ▪ Funktion muss im Vorfeld getestet werden können, um böse Überraschungen zu vermeiden. ▪ Häufiges Zoomen bzw. Verschieben des Papiers wirkt unprofessionell (und muss vermieden werden)

in großen Vortragssälen einsetzbar. Umgekehrt lassen sich durch die Zoomfunktion auch Details betrachten. Das Publikum kann mit einbezogen werden, da Sie Wortmeldungen stichwortartig notieren können.

Da zur Projektion ein Beamer benötigt wird, bietet sich die Kombination von Visualizer und Bildschirmpräsentation an. Per Knopfdruck können Sie zwischen den Medien hin- und herschalten. Außerdem können Sie die von der Kamera aufgenommenen Bilder digital speichern und gegebenenfalls (als Handout) ausdrucken.

Vorbereitung

Bereiten Sie vor:
- Visualizer
- Beamer (falls nicht montiert)
- Verbindungskabel (VGA, HDMI)
- Evtl. Mehrfachsteckdose und Verlängerungskabel
- Stifte, falls Sie handschriftliche Ergänzungen vornehmen

Anschluss

Visualizer werden wie Computer mittels VGA- oder HDMI-Kabel mit dem Beamer verbunden. Wenn Sie parallel einen Computer am Beamer einsetzen möchten, dann wird dieser mit dem Visualizer verbunden, so dass sich der Visualizer zwischen Computer und Beamer befindet. Per Knopfdruck können Sie zwischen Visualizer und Computer umschalten.

Bedienung

Die Erfahrung zeigt, dass das korrekte Platzieren der Vorlage und die Verwendung des Zooms einige Übung erfordert. Ständiges Verschieben der Vorlage oder Zoomen nervt die Zuschauer und muss vermieden werden. Bessere Geräte zeigen eine Markierung, die den projizierten Bereich anzeigt (siehe Foto auf der linken Seite).

Interaktives Whiteboard

Das interaktives Whiteboard wird je nach Hersteller auch als Activeboard, Smartboard oder digitales Board bezeichnet. Es verfolgt das Ziel, eine Brücke zwischen den konventionellen, mit Stift oder Kreide beschriebenen Medien und digitalen Medien zu schlagen. Viele Schulen ersetzen derzeit ihre Kreidetafeln durch interaktive Whiteboards.

Interaktive Whiteboards bestehen aus einer Projektionsfläche, auf die das Computerbild mittels Beamer projiziert wird. Das Besondere daran ist, dass die Oberfläche Berührungen registriert und deshalb zusätzlich mittels Stift oder Finger beschrieben werden kann. Auf diese Wei-

Pro	Contra
• Professionelle Vorbereitung und Gestaltung möglich	• Abhängigkeit von Technik (Beamer, Software, Board)
• Flexibles Medium, das zur Präsentation und Moderation genutzt werden kann.	• Handling nicht einfach, muss geübt werden
• Interaktion durch Bedienung mit Stift	• Hohe Anschaffungskosten
• Multimedial einsetzbar	• Nur für kleine Gruppen geeignet, weil Boards eine begrenzte Größe haben
• Einfache (digitale) Sicherung der Ergebnisse	
• Modernes Medium führt zu hoher Motivation	

se können digitale Präsentationen auf einfache Weise handschriftlich ergänzt werden. Beiträge aus dem Publikum können Sie aufgreifen und notieren. Alle Ergebnisse lassen sich speichern und als Handout ausdrucken.

Vorbereitung

Bereiten Sie vor:
- Interaktives Whiteboard (mit Beamer und Spezialstiften)
- Computer mit Software zur Boardsteuerung und zur Präsentation
- Ihre Dateien für die Präsentation z. B. auf USB-Stick

Inbetriebnahme

Die Installation und erstmalige Inbetriebnahme des interaktiven Whiteboards ist anspruchsvoll und muss durch einen Fachmann erfolgen.

Für den späteren Einsatz genügt es, die beteiligten Geräte einzuschalten und die Steuer- und Präsentationssoftware zu starten. Das Board sollte nun vom Computer erkannt werden und steht damit für die Nutzung bereit.

Bedienung

Die Bedienung des interaktiven Whiteboards erfolgt ähnlich wie beim Tablet-PC mittels Finger oder Stift. Auf diese Weise können Sie beispielsweise in Ihrer Präsentation blättern oder ein Video starten. Mittels Boardsoftware stellen Sie ein, mit welcher Stiftfarbe und Strichstärke Sie schreiben möchten.

Was einfach klingt, erfordert in der Praxis etliche Übung. So sollten Sie beim Schreiben darauf achten, dass das Bild nicht verdeckt wird. Bei der Vorbereitung Ihrer ersten interaktiven Präsentation müssen Sie deshalb genug Zeit einplanen, um sich mit dem Board und dessen Bedienung vertraut zu machen.

Overheadprojektor

Vielleicht werden Overheadprojektoren, die auch als Tageslicht- oder OH-Projektor bezeichnet werden, durch die moderneren Medien Visualizer und interaktive Whiteboards abgelöst und aus Unterrichts- und Schulungsräumen verschwinden.

Wir widmen diesem bewährten Medium dennoch ein Kapitel, weil es derzeit in Schulen und Hochschulen noch weit verbreitet ist. Overheadprojektoren sind technisch ausgereift und wegen ihrer sehr einfachen Bedienung in vielen Schulungsräumen und Klassenzimmern vorhanden. Ihre Beschaffung ist kostengünstig und auch der Lampentausch im Vergleich zum Beamer preiswert. Abgesehen vom Lampendefekt ist das Risiko sehr gering, dass die Präsentation aus technischen Gründen misslingt.

Pro	Contra
• Vorbereitung und Gestaltung der Folien am Computer möglich	• Kein aktuelles Medium, das „unmodern" wirken kann
• Flexibler Einsatz auch bei großem Publikum und in großen Sälen	• Perspektivische Verzerrung bei Projektion nicht immer vermeidbar
• Einfaches Handling, keine Abhängigkeit von Technik	• Helle Farben sind nicht möglich
• Einfache Erstellung eines Handouts oder einer Präsentationsmappe	• Schreiben auf Folien schwierig
• Handschriftliche Ergänzungen sind möglich	

Der große Nachteil von Overheadfolien besteht darin, dass sich Folien zwar in Schwarzweiß, aber in Farbe nur schlecht bedrucken lassen. Auch für das Beschreiben mit Stiften stehen nur wenige (dunkle) Farben zur Verfügung. Der Grund hierfür ist, dass helle Farben im grellen Licht der Projektionslampe nicht darstellbar sind. Dies schmälert die optische Qualität einer Präsentation wesentlich.

Vorbereitung

Die Vorbereitung einer OH-Präsentation ist schnell erledigt. Bereiten Sie folgende Komponenten vor:
- Overheadprojektor (idealerweise mit Ersatzlampe, die sich bei den meisten Projektoren bereits im Gerät befindet)
- Evtl. Verlängerungskabel
- Bedruckte Folien
- Evtl. unbeschriebene Folien
- Farbige Folienstifte

Aufstellung

Damit Ihrem Publikum nicht durch den relativ großen Projektor die Sicht auf die Leinwand genommen wird, sollte sich dieser auf einem speziellen (tiefen) Wagen für OH-Projektoren befinden. Steht dieser nicht zur Verfügung, muss eventuell die Bestuhlung geändert werden, damit der Projektor keinem Zuschauer die Sicht verdeckt.

Projektion

Ein grundsätzliches Problem ergibt sich aus dem Funktionsprinzip des Projektors: Damit das Abbild verzerrungsfrei und scharf projiziert wird, muss sich der Umlenkspiegel in einer 45°-Stellung befinden. In dieser Position ist jedoch das projizierte Bild für das Publikum oft zu nieder.

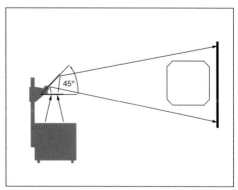

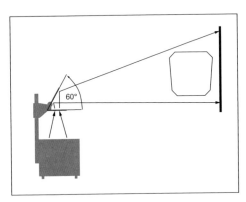

Trapezverzerrung

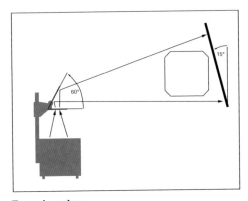

Trapezkorrektur

Aus diesem Grund muss der Winkel vergrößert werden, so dass sich die Projektion nach oben bewegt. Die Folge ist die typische Trapezverzerrung. Außerdem wird nicht mehr der gesamte Bildbereich scharf dargestellt.

Zur Lösung dieses Problems gibt es zwei Möglichkeiten:

- Spezielle Projektionswände für Overheadprojektoren lassen sich nach vorne kippen, so dass die Projektion wieder parallel und nicht mehr schräg auf die Fläche trifft.
- Bessere Projektoren bieten eine elektronische Trapezkorrektur an, mit der Sie die Verzerrung ausgleichen können.

Stehen beide Möglichkeiten nicht zur Verfügung, müssen Sie mit einem Kompromiss leben.

OH-Folien und -Stifte

Die Wahl der für Ihre Präsentation zu verwendenden Folien hängt von Ihrem Drucker ab:

Folien für Laserdrucker und Kopierer

Für Laserdrucker oder Fotokopierer benötigen Sie hitzebeständige (Laserjet-)Folien, da diese zum Fixieren des Toners erhitzt werden müssen. Vorsicht: Falsche Folien können Drucker oder Kopierer zerstören!

Folien für Laserdrucker oder Kopierer haben eine glatte Oberfläche und können dahier mit Folienstiften beschrieben werden.

Es gibt wasserlösliche und wasserfeste Stifte, letztere können nur mit einem Spezialreiniger entfernt werden.

Folien für Tintenstrahldrucker
Damit die Tinte haften bleibt und trocknen kann, gibt es für Tintenstrahldrucker spezielle Inkjet-Folien, die einseitig aufgerauht sind. Sie sind etwas teurer als Folien für Laserdrucker.

Verwenden Sie Inkjet-Folien niemals in einem Laserdrucker oder Kopierer – er könnte hierdurch zerstört werden! Beachten Sie auch, dass Sie die Folien auf der richtigen Seite in den Drucker legen müssen, da nur die rauhe Seite bedruckt werden kann. Ihr Nachteil ist, dass sich Inkjet-Folien nur sehr schlecht mit Folienstiften beschreiben lassen. Tipp: Legen Sie eine glatte Laserdrucker-Folie auf die Inkjet-Folie und schreiben Sie auf diese Folie.

Folienformat

Der am häufigsten anzutreffende Fehler bei Overhead-Präsentationen ist, dass DIN-A4-Seiten in einer Schriftgröße von 10 bis 12 Punkt auf Folie kopiert werden. Dies funktioniert nicht, weil diese Schrift in der Projektion zu klein ist und, wie die Grafik zeigt, eine DIN-A4-Seite meistens nicht komplett dargestellt werden kann. Die

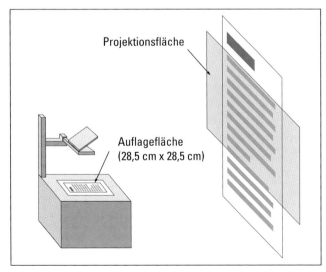

DIN-A4 ist nicht komplett darstellbar

Fehler können Sie vermeiden, wenn Sie bei der Erstellung Ihrer Folien eine ausreichende Schriftgröße wählen (vgl. Seite 88) und maximal zwei Drittel einer DIN-A4-Seite beschreiben.

Metaplan

Der Markenname Metaplan steht heute stellvertretend für eine weit verbreitete Moderations- und Präsentationsmethode. Inhalte werden dabei auf Kärtchen geschrieben und an Pinnwänden strukturiert. Der Vorteil dieser Methode liegt in Ihrer Flexibilität. Sie können den Inhalt der Kärtchen und ihre Anordnung einfach und schnell ohne technischen Aufwand verändern. Beiträge aus dem Publikum können Sie dadurch direkt in Ihrer Präsentation berücksichtigen und in das Ergebnis mit einfließen lassen.

Materialien

Zur Arbeit mit Metaplan benötigen Sie verschiedenes Equipment: Pinnwände, Packpapier und einen gut sortierten Moderationskoffer oder Moderationswagen.

Pinnwände

Die Pinnwände bestehen aus leichten Schaumstoff- oder Weichfaserplatten mit zwei Ständern. Ihre Arbeitsfläche ist

Pro	Contra
• Angepasstes Tempo • Schrittweise Entwicklung der Metaplanwand • Tafeln können vorbereitet werden • Einbeziehung des Publikums • Archivierbar • Geringer Materialaufwand • Unmittelbar einsetzbar	• Nur für kleinere Gruppen • Nicht immer vollständige Materialien • Übernahme ins Handout ist schwierig • Filzstiftspuren an der Kleidung

meist 145 cm hoch und 125 cm breit. Je nach Hersteller unterscheiden sich die Abmessungen um einige Zentimeter. Zum einfacheren Transport gibt es zerlegbare Stellwände, zur leichteren Bewegung im Raum welche mit Rollen.

Packpapier

Bespannen Sie die Metaplanwände grundsätzlich immer mit Packpapier. Verwenden Sie dazu ca. 140 cm langes und 120 cm breites festes, hellbraunes Packpapier. An den oberen Rand sollten Sie dabei mehrere Stecknadeln als griffbereiten Vorrat stecken. Arbeiten Sie immer auf Packpapier. Sie können darauf schreiben und zeichnen. Zur Archivierung oder anderweitigen Verwendung der Arbeitsergebnisse kleben Sie die Kärtchen auf das Packpapier.

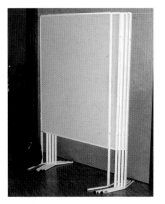

Pinnwände

Kärtchen

Die Kärtchen können sich je nach Anbieter der Moderationsmaterialien in den Abmessungen unterscheiden. Ihre Grundformen in verschiedenen Farben sind aber immer gleich.

Packpapier zum Bespannen der Pinnwände

Sie sollten für Ihre Präsentation ein durchgängiges Formen- und Farbschema wählen. Mit den Farben und Formen der Kärtchen strukturieren und gliedern Sie die Inhalte Ihrer Präsentation. Verwenden Sie deshalb immer Kärtchen mit den gleichen Formen und Farben für gleiche Inhalte und thematische Zusammenhänge. In der Wahl der Farben sind Sie nicht frei, da Sie meist mit vorgegebenem Moderationsmaterial arbeiten müssen. Sie können sich aber bei der Farbwahl an den allgemeinen Grundsätzen der Farbgestaltung und Farbpsychologie orientieren.

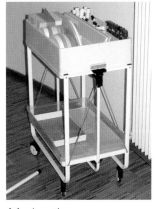

Moderationswagen

Filzstifte

Die Filzstifte sollten keine runde, sondern eine schräge geteilte Spitze haben. Sie können damit einfach Linien verschiedener Stärke zeichnen. Ihre Schrift wird besser lesbar und durch die automatische Variation der Strichstärke akzentuiert. Verwenden

Sie die breite Schreibkante des Stiftes für Überschriften und die schmale Schreibkante für die Grundtexte. Sie haben dadurch bei gleichbleibender Schriftgröße ein zusätzliches Gestaltungselement, ohne die Lesbarkeit zu beeinträchtigen.

Die meisten Moderationskoffer enthalten nur rote und schwarze Filzstifte. Zusätzliche Farben führt jeder Laden für Büro- und Schreibwarenbedarf.

Klebepunkte

Klebepunkte in verschiedenen Farben dienen als weiteres Gestaltungselement zur visuellen Gewichtung.

Über eine sogenannte Punktabfrage können Sie das Publikum aktiv in Ihre Präsentation mit einbeziehen. Sie stellen z. B. zwei Thesen auf jeweils einer Karte zur Abstimmung. Die Zuhörer kleben einen Punkt an die Karte mit der These, die ihre Zustimmung findet. Das sich daraus ergebende Meinungsbild ist nicht flüchtig wie bei einer Abstimmung durch Handheben, sondern bleibt präsent.

Stecknadeln

Verwenden Sie als Stecknadeln Markierungsnadeln mit Kopf. Diese Nadeln sind etwas stabiler und kürzer als normale Stecknadeln aus dem Schneidereibedarf und dadurch besser zu handhaben.

Klebestifte

Klebestifte gehören ebenfalls zur Standardausstattung eines Moderationskoffers bzw. eines Moderationswagens. Mit den

Klebestiften können Sie nach Abschluss der Präsentation die Kärtchen fixieren und das Packpapier mit den Kärtchen abnehmen. Sie können dadurch das Präsentationsergebnis mitnehmen und bei einer späteren Veranstaltung wieder einsetzen oder es z. B. als Plakat aufhängen.

Zusätzliche Hilfsmittel

Schere und Klebe- bzw. Kreppband gehören zusätzlich zur Grundausstattung. Sie können damit auf einfache Weise zusätzliche Elemente wie z.B. Halbkreise oder Pfeile herstellen.

Präsentation

Metaplan als Präsentationsmedium ist komplexer als Flipchart oder Tafel. Üben Sie vor Ihrer Präsentation den Umgang mit den verschiedenen Elementen.

Gliederung und Layout

Die Gliederung und das Layout Ihrer Visualisierung müssen Sie ebenso sorgfältig planen und vorstrukturieren wie Ihre gesamte Präsentation. Es genügt nicht, wenn Sie die Kärtchen vorbereiten. Die Anordnung, Reihenfolge und Verknüpfung der Elemente müssen ebenfalls vorher geplant werden.

Reihenfolge

Die Reihenfolge, in der Sie die einzelnen Elemente während Ihres Vortrags an die Stellwand anpinnen, ist ein wichtiger Teil der Abfolge Ihrer Präsentation. Ähnlich wie bei einer Beamer-präsentation zeigen Sie die Inhalte erst dann, wenn Sie auch Gegenstand der Präsentation sind. Machen Sie sich deshalb im Layout der Präsentation entsprechende Hinweise mit kleinen Ziffern oder Stichworten.

Gestaltungsmittel

Durch die Kombination und das Hinterlegen verschiedener Kärt-chen können Sie auf einfache Art und Weise Hervorhebungen erzielen. Durch das Beschneiden der vorgegebenen Kärtchen entstehen ebenfalls neue Gestaltungselemente. Halbkreise

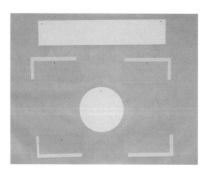
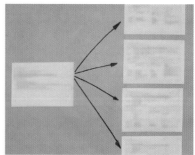

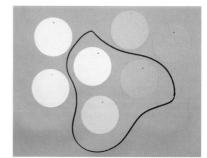

oder halbierte Ovale dienen als Klammern, in der Diagonale geteilte Rechtecke oder Quadrate werden Pfeile oder Markierungen für Listenelemente.

Durch mit Filzstift direkt auf das Packpapier gezeichnete Linien gliedern, trennen oder verbinden Sie verschiedene Elemente.

Vortrag

Grundsätzlich gelten für die Präsentation mit Metaplan natürlich die gleichen Regeln wie für jede Präsentation. Sie sollten aber zusätzlich noch einige spezifische Dinge beachten:

Tipps für die Arbeit mit Metaplan

- Achten Sie auf eine helle Beleuchtung.
- Schreiben Sie deutlich lesbar. Schreiben Sie Kärtchen auf dem Tisch, nicht an der Pinnwand
- Sprechen Sie zu Ihrem Publikum, nicht zur Pinnwand.
- Schweigen Sie beim Schreiben.
- Halten Sie sich an Ihr Layout. Sie haben es mit viel Mühe und Überlegungen erstellt. Machen Sie es nicht durch falsche Spontanität kaputt.
- Lesen Sie jedes Kärtchen vor, bevor Sie es anpinnen.
- Zeigen Sie auf den Teil, der gerade Gegenstand Ihrer Präsentation ist. Die Zuhörer sind auch Zuseher und die Aufmerksamkeit und Konzentration dadurch erhöht.
- Stellen Sie beim Anpinnen einen Fuß auf den Querständer der Pinnwand damit diese nicht umkippt.
- Pinnen Sie die Kärtchen mit Schwung an, nutzen Sie die Trägheit der Masse der Pinnwand damit dies nicht nach hinten wegrutscht.
- Korrigieren Sie Fehler nicht auf dem Kärtchen, schreiben Sie ein neues.
- Fotografieren Sie das Ergebnis zur Archivierung.

Plakat

Plakate bieten so viele Variationen wie kein anderes Präsentationsmedium.

Sie können das Plakat von Hand schreiben und Zeichnungen, Bilder oder Ausdrucke mit einbringen. Oder Sie erstellen das Plakat digital am Computer. Falls Sie selbst nicht die technischen Möglichkeiten haben, können Sie das Plakat auch für relativ wenig Geld von einer Internetdruckerei ausdrucken lassen.

Auch die Einsatzmöglichkeiten eines Präsentationsplakates sind vielfältig. Präsentieren Sie Ihr Plakat schon vor der eigentlichen Präsentation als Aushang zur Einstimmung des Publikums. Zeigen Sie Ihr Plakat zur Visualisierung während der Präsentation, vielleicht ergänzen Sie auch noch einige Teile in Interaktion mit Ihrem Publikum. Lassen Sie Ihre Präsentation nachwirken, hängen Sie das Plakat nach der Präsentation an prominenter Stelle auf.

Pro	Contra
• Plakate sprechen für sich	• Geringe Flexibilität
• Vorbereitung möglich	• Übernahme ins Handout ist schwierig
• Mehrfache Verwendung	• Nicht für große Gruppen
• Geringer Materialaufwand	• Sperrig
• Unmittelbar einsetzbar	
• Außerhalb der Präsentation nutzbar	
• Von Hand oder am Computer zu erstellen	
• Nicht formatgebunden	
• Materialauswahl	

Plakate kommunizieren

Sie haben sich für ein Plakat als Präsentationsmedium entschieden. Stellen Sie das Plakat aus oder stellen Sie das Plakat vor?

Wenn Sie Ihr Plakat vor der Präsentation etwa im Rahmen einer Poster-Session ausstellen, dann muss es das Interesse des Publikums am Thema Ihrer Präsentation wecken. Sie bieten auf dem Plakat erste Informationen und machen Appetit auf mehr.

Ihr Plakat als Visualisierungsmedium während der Präsentation unterstützt Ihren mündlichen Vortrag. Es hat dabei eine ähnliche Funktion wie das Flipchart oder die Tafel. Reduzieren Sie den Inhalt auf das Wesentliche: Schlagworte, Kernaussagen als kurze Sätze, Bilder und einfache, deutliche Grafiken. Sprechen Sie nicht zum Plakat, sprechen Sie zu Ihrem Publikum. Geben Sie dem Publikum Zeit, den Inhalt des Plakats zu erfassen.

Hängen Sie das Plakat nach Ihrer Präsentation auf, dann muss es die Kernaussagen Ihrer Präsentation zeigen. Sie unterstützen damit die Speicherung der Inhalte im Gedächtnis. Ihr Plakat muss aber auch für Personen interessant und in seiner Aussage verständlich sein, die an Ihrer Präsentation nicht teilgenommen haben.

Fragen zur Präsentation mit Plakaten

- Welches Kommunikationsziel möchte ich mit meinem Plakat erreichen?
- Brauche ich ein Plakat oder reichen nicht meine anderen Präsentationsmedien?
- Was sieht das Publikum auf dem Plakat?
- Wann sieht das Publikum das Plakat?
- Spricht das Plakat für sich?
- Habe ich ausreichend Zeit zur Erstellung des Plakats?
- Habe ich die technischen Kenntnisse und Möglichkeiten ein Plakat zu erstellen?

Plakate gestalten

Präsentationsplakate haben andere Kommunikationsziele als Werbe- oder Veranstaltungsplakate. Auch die berühmten 3 Sekunden, die Plakate im öffentlichen Raum Zeit haben die Aufmerksamkeit des Betrachters zu bekommen, gelten für Präsentationsplakate in der Regel nicht. Aber natürlich müssen Sie auch bei der Konzeption und Gestaltung Ihrer Präsentationsplakate verschieden Aspekte der Plakatgestaltung beachten.

Aspekte der Plakatgestaltung

- *Thema*
  Auf den ersten Blick eindeutig erkennbar, Umsetzung im Titel
- *Inhalt und Aussage*
  Informationsgehalt, Schlagworte, kurze Aussagesätze, einfach, kurz und prägnant
- *Konzeption und Gestaltung*
  Blickfang, Blickführung und Verständlichkeit, zielgruppen- und themengerechte Aufbereitung, Originalität, Flächenaufteilung
- *Texte*
  Hierarchisierung und Gliederung, gut lesbar, bei gedruckten Plakaten: zielgruppen- und themengerechte Schrift
- *Bilder und Grafiken*
  Aussagekräftig, gut erkennbar, selbsterklärend
- *Farben*
  Farbschema, Farbwahl passend zum Thema
- *Format*
  Raumgröße, maximaler Betrachtungsabstand
- *Technik*
  Technische Umsetzung, Sauberkeit und Exaktheit

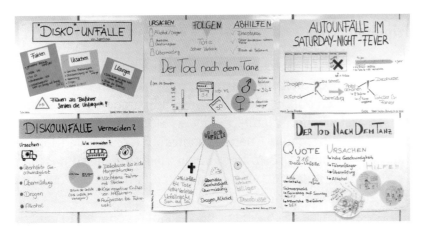

**Plakate,
Portal On-
linedruckerei**

Flipchart

Ein Flipchart eignet sich besonders gut, während einer Präsentation einen Gedankengang zusammen mit dem Publikum zu entwickeln oder in einer Diskussion Beiträge und Ergebnisse festzuhalten. Natürlich können Sie in einer Präsentation auch vorbereitete Charts einsetzen. Denkbar sind fertige Charts oder Charts auf denen das Grundgerüst schon steht und das Sie in der Präsentation mit dem Publikum zusammen vervollständigen.

Durch das Schreiben und Zeichnen von Hand sind Sie zur Langsamkeit gezwungen und überfahren dadurch Ihr Publikum nicht im rasanten Tempo einer durchgeklickten digitalen Präsentation.

Der technische Aufwand beim Flipchart beschränkt sich auf die Vorsorge, ausreichend Flipchartpapier und Stifte parat zu haben. Profis haben immer noch einen Satz Ersatzstifte dabei. Es gibt natürlich auch keine Probleme bei der Kompatibilität von Software oder mit defekten Geräten.

Pro	Contra
• Angepasstes Tempo	• Blick zum Flipchart beim Schreiben
• Schrittweise Entwicklung des Charts	• Übernahme ins Handout ist schwierig
• Charts können vorbereitet werden	• Filzstiftspuren an der Kleidung
• Einbeziehung des Publikums	
• Archivierbar	
• Geringer Materialaufwand	
• Unmittelbar einsetzbar	

Flipchart erstellen

Für das Flipchart müssen Sie die Textmenge im Vergleich zu Ihren Folien noch einmal reduzieren. Schreiben Sie keine Sätze, sondern nur Schlagworte oder Stichworte. Dasselbe gilt für Ihre Zeichnungen. Reduzieren Sie die Zeichnungen auf das Wesentliche.

Schreiben Sie groß und deutlich. Trainieren Sie Ihre Handschrift, versuchen Sie Druckschrift zu schreiben. Schlecht lesbare Worte wirken unprofessionell und lenken Ihr Publikum ab. Dieses soll schließlich Ihrer Präsentation folgen und nicht mit der Entzifferung von Hieroglyphen beschäftigt sein.

Als Farben stehen Ihnen die vier klassischen Grundfarben Schwarz, Rot, Blau und Grün zur Verfügung. Entwickeln Sie daraus ein Farbschema. Benutzen Sie z.B. Schwarz als Basisfarbe für Texte und Zeichnungen. Blau ist Ihre allgemeine Auszeichnungsfarbe, mit Rot markieren Sie besonders wichtige Inhalte und Grün bleibt Besonderheiten vorbehalten. Wenn Sie Pro und Contra gegenüber stellen, dann steht Rot für Negatives und Grün für Positives.

Während der Präsentation schlagen Sie einen abgearbeiteten Bogen einfach nach oben um und schon haben Sie wieder ein leeres Format zur weiteren Arbeit. Charts, die während der Präsentation sichtbar bleiben sollen, nehmen Sie ab und hängen sie an die Wand oder auf eine Metaplantafel.

Tipps für die Arbeit mit Flipcharts
- Achten Sie auf eine helle Beleuchtung.
- Schreiben Sie deutlich lesbar.
- Sprechen Sie zu Ihrem Publikum, nicht zum Flipchart.
- Schweigen Sie beim Schreiben.
- Setzen Sie den skizzenhaften Charakter eines Flipcharts bewusst ein.

Tafel und Whiteboard

Die Tafel ist das Symbol für die Lehre an Schule und Hochschule seit über 200 Jahren. Dies bedeutet aber nicht, dass die Tafel damit ein unzeitgemäßes Medium ist. Eine Tafel bietet Möglichkeiten, die kein anderes Präsentationsmedium bietet. Sie entwickeln das Tafelbild vor den Augen Ihres Publikums. Ihr Publikum ist aktiv am Entstehen des Tafelbildes beteiligt. Sie können spontan und unmittelbar Meldungen und Meinungen aus dem Publikum mit aufnehmen. Durch das Schreiben und Zeichnen von Hand sind Sie zur Langsamkeit gezwungen und überfahren dadurch Ihr Publikum nicht.

Der technische Aufwand beim Tafeleinsatz beschränkt sich auf die Vorsorge, ausreichend Kreide bzw. Stifte parat zu haben. Korrekturen, Löschungen oder Änderungen können Sie mit einem Wisch leicht vornehmen. Es gibt keine Probleme bei der Kompatibilität von Software oder mit defekten Geräten. Auch ein Stromausfall kann Ihnen nichts anhaben.

Pro	Contra
• Angepasstes Tempo • Schrittweise Entwicklung des Tafelbildes • Einbeziehung des Publikums • Einfaches Löschen und Korrigieren • Geringer Materialaufwand • Platz für statische visuelle Medien • Unmittelbar einsetzbar	• Blick zur Tafel beim Schreiben • Ausgewischtes ist verloren • Aufwändige Übernahme des Tafelbildes durch das Publikum • Kreidestaub bzw. Filzstiftspuren

Filzstifte oder Kreide

In der Praxis finden sich in Klassen- und Seminarräumen grüne Kreidetafeln oder weiße Whiteboards. Der methodische Einsatz als Präsentationsmedium ist bei beiden Tafelarten gleich. Technisch unterscheiden sie sich lediglich in der Art des verwendeten Schreibwerkzeug. Bei der Kreidetafel schreiben Sie, wie es der Name schon sagt, mit weißer oder farbiger Kreide. Bei Whiteboards verwenden Sie Filzstifte zum Schreiben und Zeichnen. Die Auswahl an Farben ist bei Tafelkreiden wesentlich größer als bei den Board Markern. Bord Marker haben Sie üblicherweise nur in den vier klassischen Grundfarben Schwarz, Rot, Blau und Grün zur Verfügung. Nutzen Sie Schwarz als Basisfarbe und die drei Buntfarben zur Auszeichnung bestimmter Inhalte. Legen Sie das Farbschema schon bei der Konzeption Ihres Tafelbildes fest. Scheinbar beliebige Verwendung von Farben wirkt unprofessionell.

Achten Sie darauf, nur spezielle Boardmarker und keine Filzstifte für Metaplan oder Flipcharts zu verwenden. Nur die Board marker lassen sich trocken oder mit Wasser abwischen. Für die anderen Filzstifte brauchen Sie spezielle Reinigungsmittel zum Abwischen des Tafelbildes.

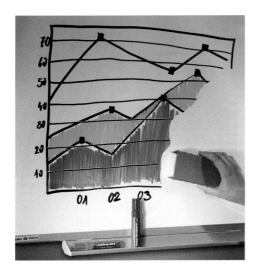

Tafelbild

Tafeln gibt es in unterschiedlichen Ausführungen und Formaten. Die klassische Schultafel, Kreidetafel oder Whiteboard, ist an der Wand montiert und nach oben und unten verschiebbar. Sie können die Tafel zum Schreiben auf eine für Sie angenehme Höhe stellen und sie zur besseren Sichtbarkeit für das Publikum anschließend nach oben schieben. Schultafeln haben meist zwei Flügel zum Aufklappen. Beide Flügel haben jeweils die halbe Breite des Mittelteils. Dadurch haben Sie bis zu sechs Flächen für Ihr Tafelbild zur Verfügung. Natürlich müssen Sie nicht alle sechs Flächen nutzen. Sie müssen aber auf jeden Fall Ihr Tafelbild immer formatbezogen konzipieren und skizzieren. Notieren sie sich in der Tafelbildskizze und in Ihrem Präsentationsablauf wann Sie welches Teilbild in die Präsentation einbringen.

Bei der Kreidetafel und beim Whiteboard ist es möglich durch Magneten oder Klebeband z.B. Ausdrucke oder Schaubilder anzuheften. Unser Beispiel zeigt eine Kombination von mehreren angehefteten Abbildungen und geschriebenen Texten.

Tipps für den Tafeleinsatz

- Nutzen Sie nur eine saubere und trockene Tafel.
- Achten Sie auf eine helle Beleuchtung.
- Schreiben Sie deutlich lesbar.
- Setzen Sie den skizzenhaften Charakter eines Tafelbildes bewusst ein.
- Bereiten Sie das Tafelbild gut vor.
- Beachten Sie Form und Inhalt.
- Setzen Sie Farben sparsam und zielorientiert ein.
- Bleiben Sie offen für Änderungen und Ergänzungen.
- Notieren Sie sich in Ihrem Ablaufplan die Schritte, wann Sie welches Teilbild während Ihrer Präsentation an die Tafel bringen.
- Entscheiden Sie, ob das Tafelbild Teil der Teilnehmerunterlagen ist.

Whiteboard
- Achten Sie auf volle Stifte und halten Sie Ersatzstifte in Reserve.
- Testen Sie die Stifte auf Funktion und optische Wirkung.
- Verwenden Sie farbige Stifte sparsam und gezielt, achten Sie auf die Lesbarkeit.

Kreidetafel
- Verwenden Sie weiche Kreide, lange Kreidestücke brechen Sie in der Mitte durch, dies verhindert das gefürchtete schrille Quietschen.
- Verwenden Sie farbige Kreide sparsam und gezielt, achten Sie auf die Lesbarkeit.
- Vermeiden Sie dunkle Farben, sie sind auf der dunklen Tafelfläche schlecht lesbar.

Software

Übersicht

Software für Präsentationen

Auf Seite XI dieses Buches haben wir versprochen, dass Sie zur Erstellung Ihrer Präsentationen keine Software zu kaufen brauchen – Sie können komplett auf kostenfreie Open-Source-Software zurückgreifen!

Weil viele Schulen, Hochschulen und Firmen jedoch mit dem kommerziellen Officepaket von Mircrosoft arbeiten und das Programmpaket als Bildungslizenz für Schüler, Studenten und Lehrer zu einem günstigen Preis erhältlich ist, stellen wir in diesem Buch zusätzlich die Präsentationssoftware *PowerPoint* vor.

Entscheiden Sie selbst, ob Sie Ihre Präsentationen mit PowerPoint oder der kostenlosen Alternative *Impress* erstellen

Name	Funktion	Weblink	BS
PowerPoint	Präsentation	http://www.microsoftstore.com	⊞ 🍎
OpenOffice Impress	Präsentation	http://www.openoffice.org/de/	⊞ 🍎
LibreOffice Impress	Präsentation	http://de.libreoffice.org/	⊞ 🍎
GIMP	Bildbearbeitung	http://www.gimp.org/	⊞ 🍎
Adobe Reader	PDF-Reader	http://get.adobe.com/de/reader/	⊞ 🍎
FreeMind	Mindmaps	http://freemind.sourceforge.net/wiki/	⊞ 🍎
Movie Maker	Videoschnitt	http://windows.microsoft.com/de-DE/windows-live/movie-maker-get-started	⊞
Any Video Converter	Videokonverter	http://www.any-video-converter.com/products/for_video_free/	⊞ 🍎
VLC	Mediaplayer	http://www.videolan.org/vlc/	⊞ 🍎
Quicktime	Mediaplayer	http://www.apple.com/de/quicktime/download/	⊞ 🍎
Audacity	Audioeditor	http://audacity.sourceforge.net/download/	⊞ 🍎

möchten. Als Apple-User werden Sie vielleicht alternativ auf *Keynote* zurückgreifen wollen.

In der Tabelle finden Sie eine Übersicht aller Programme, die in diesem Buch besprochen werden. Da sich die Webadressen immer wieder ändern, stimmt ein Link möglicherweise bereits nicht mehr, wenn dieses Buch einige Monate alt ist. Geben Sie dann einfach den Namen der gesuchten Software in Google ein und Sie werden schnell zur gesuchten Seite gelangen.

Microsoft Office

Microsoft ist der „Platzhirsch" unter den Office-Programmen. Jeder kennt die Programme Word, Excel und PowerPoint, die weltweit stark verbreitet sind.

Mit seiner neuen Version 2013 verfolgt der Konzern in Verbindung mit dem Betriebssystem Windows 8 das Ziel, Marktanteile im immer wichtiger werdenden Markt der mobilen Endgeräte (Smartphones und Tablets) zurückzuerobern. Ein weiteres Ziel ist, Nutzern das Arbeiten in der Cloud nahezubringen. Hierunter wird das Ablegen der Dateien im Internet verstanden, so dass auf diese Daten mit jedem internetfähigen Gerät zugegriffen werden kann. Dieses Konzept, das auch der Wettbewerber Apple verfolgt, dürfte sich in Zukunft durchsetzen.

Welche Version?

PowerPoint 2003, 2007, 2010, 2013, 365 oder 2011 am Mac – welche Version darf es denn sein? Ein Paradigmenwechsel hat mit der Einführung des *Menübandes* in Office 2007 stattgefunden. Seither sind die Menüs nicht mehr unveränderlich, sondern passen sich an das Nutzungsverhalten an. Die Grundidee mag gut sein, dennoch treiben einen die wechselnden Menüs manchmal fast in den Wahnsinn, v. a. diejenigen, die sich an die alte Oberfläche gewöhnt hatten.

PowerPoint 2010

Die gute Nachricht ist, dass sich seit 2007 die Benutzerführung kaum geändert hat. Obwohl wir in diesem Buch Power-

PowerPoint 2013 bzw. 365

Point 2010 beschreiben, können Sie das Kapitel auch lesen, wenn Sie noch 2007 besitzen oder auf die aktuelle Version 2013 bzw. 365 umgestiegen sind. Bis auf wenige Bezeichnungen und eine überarbeitete Oberfläche ist alles identisch.

Zu guter Letzt: Im Grunde ist es gar nicht wichtig, mit welcher Version Sie arbeiten, denn gute (oder auch schlechte) Präsentationen können Sie mit jeder Version erstellen.

„Home and Student"-Lizenz

Microsoft Office 2013

Microsoft bleibt nichts anderes übrig, als auf die wachsende Verbreitung von Open- und LibreOffice zu reagieren. Aus diesem Grund wird *Office 2013* bestehend aus Word, Excel, PowerPoint und OneNote, für die private, also nicht-kommerzielle Nutzung für momentan um die 100 € angeboten. Dies ist ein attraktiver Preis, wenn Sie den großen Leistungsumfang des Pakets bedenken.

Mieten statt kaufen?

Microsoft Office 365

Mit Office 365 geht Microsoft neue Wege: Statt eine Einzellizenz zu kaufen, können Sie die Nutzung des Officepakets für jeweils 365 Tage für um die 100 € mieten. Der wesentliche Vorteil ist, dass Sie auf bis zu fünf unterschiedlichen Geräten (PC, Mac, Smartphone, Tablet) via Internet auf die Software und auf Ihre Daten zugreifen können.

Download und Installation

Immer häufiger wird Software im Internet angeboten, so dass Sie keinen Datenträger mehr benötigen. Zur Nutzung von Office 365 benötigen Sie zusätzlich ein Microsoft-Konto.

Beachten Sie, dass Sie zur Installation von Microsoft Office Administratorrechte benötigen. Weiterhin muss die Software mittels Product-Key über das Internet aktiviert werden. Auf diese Weise versucht Microsoft, sich gegen Raubkopien zur Wehr zu setzen.

Open Source

Definition

Wörtlich übersetzt steht der Begriff *Open Source* für „offene Quelle". Gemeint ist hier nicht die Quelle eines Flusses, sondern der Quellcode einer Software. Diese Software muss von ihren Entwicklern programmiert werden, und diese Programme werden als Quellcode bezeichnet.

Wenn Sie einmal die Komplexität heutiger Programme betrachten, dann werden Sie schnell verstehen, dass für deren Programmierung viel Zeit und Manpower benötigt wird. Der Quellcode derartiger Programme ist ein gut gehütetes Firmengeheimnis. Die Nutzung der Software müssen Sie (oft teuer) bezahlen, indem Sie eine Lizenz erwerben.

Nun kommen wir auf den Begriff *Open Source* zurück: Grundlegende Idee dabei ist, die Entwicklung einer Software nicht (nur) einer Firma zu überlassen, sondern jedem, der daran Interesse hat. Hierzu muss der Quellcode der Software offengelegt werden – „Open Source" eben.

Merkmale von Open-Source-Software

- Die Software dürfen Sie uneingeschränkt nutzen.
- Eine kommerzielle Nutzung ist zulässig.
- Der Quellcode der Software ist offengelegt.
- Der Quellcode darf nach Belieben verändert werden.

Lizenzierung

Mittlerweile gibt es zahllose Open-Source-Programme, die Sie bedenkenlos auf Ihrem Rechner installieren oder an Freunde weitergeben dürfen. Bei der Installation werden Sie sich möglicherweise wundern, dass Sie – wie bei kommerzieller Software – vor der Installation die Lizenzbedingungen per Mausklick bestätigen müssen.

Diese Lizenz ist jedoch anderer Natur als bei käuflich erworbener Software: Es handelt sich hierbei um eine GPL (General

Public License) der Free Software Foundation. Mit Ihrer Bestätigung stimmen Sie zu, die im vorherigen Abschnitt beschriebenen Regeln für Open-Source-Software einzuhalten. Die Bestätigung dieser Lizenz ist also völlig unbedenklich und verhindert den Missbrauch der freien Software.

OpenOffice und LibreOffice

Die zurzeit wichtigsten Vertreter an kostenlosen Officepaketen sind *OpenOffice* (genauer: Apache OpenOffice) und *LibreOffice*. Beide Programmpakete enthalten, wie die kommerzielle Konkurrenz von Microsoft, u. a. eine Tabellenkalkulation, Textverarbeitung sowie Präsentationssoftware.

OpenOffice und LibreOffice sind aus dem gemeinsamen Vorgänger *OpenOffice.org* entstanden und deshalb in den uns zum Zeitpunkt der Herausgabe des Buches vorliegenden Versionen praktisch identisch. Dies könnte sich in den nächsten Jahren ändern, denn es ist noch nicht absehbar, ob beide Projekte weiterentwickelt werden oder ob es zukünftig (wieder) nur ein Paket geben wird.

OpenOffice und Libre-Office

Impress

Die Präsentationssoftware heißt sowohl bei OpenOffice als auch bei LibreOffice *Impress*. Sie unterscheidet sich bei den uns vorliegenden Versionen (Stand: April 2013) bis auf kleinere optische Unterschiede nicht.

Ob Sie also Impress von OpenOffice oder von LibreOffice installieren, brauchen Sie nur davon abhängig zu machen, ob Ihre Schule, Hochschule oder Ihr Betrieb das eine oder andere Paket verwendet. Sie können auch beide installieren und miteinander vergleichen. Die Screenshots im Kapitel *Impress* stammen aus LibreOffice.

LibreOffice Impress

Download und Installation

Zum Download der Software gehen am besten direkt auf die Website der Anbieter, die auf Seite 184 angegeben sind. Alternativ können Sie die Software auch von seriösen Anbietern wie Heise (http://www.heise.de), Chip (http://www.chip.de) oder Computerbild (http://www.computerbild.de) herunterladen. Vorsicht jedoch vor Betrügern! Immer wieder gibt es Seiten, die eine Lizenzgebühr für den Download verlangen. Open-Source-Software ist grundsätzlich kostenfrei!

OpenOffice Impress

Die Installation von OpenOffice und LibreOffice können Sie bedenkenlos vornehmen, auch wenn Sie bereits das Microsoft-Officepaket installiert haben. Die Programme stören sich gegenseitig nicht. Zur Installation müssen Sie auf Ihrem Rechner über Administratorrechte verfügen, da andernfalls nicht in Systemverzeichnisse geschrieben werden kann.

Portable Version

Auch wenn Sie über das oben erwähnten Administratorrecht nicht verfügen, können Sie OpenOffice oder LibreOffice verwenden. Beide Programmpakete gibt es auch in einer sogenannten Portable-Version, die es ermöglicht, die Software auf einem USB-Stick oder auf einer externen Festplatte zu installieren. Auf diese Weise können Sie Impress auf jedem beliebigen Rechner nutzen. Dies ist ein großer Vorteil, wenn Sie auf einem Ihnen unbekannten Rechner präsentieren müssen.

Die Portable-Versionen der Officepakete finden Sie zusammen mit vielen anderen Programmen auf der Seite http://portableapps.com/de/apps.

GIMP

GIMP

GIMP, GNU Image Manipulation Program, ist ein Bildverarbeitungsprogramm und wie OpenOffice und LibreOffice eine Open-Source-Software. Bereits 1996 wurde die erste Version von GIMP an der University of Berkley in Kalifornien veröffentlicht. Mittlerweile hat sich GIMP zu einem mächtigen Programm entwickeln, das durchaus mit Adobe Photoshop vergleichbar ist. Und im Unterschied zu Photoshop ist GIMP kostenlos verfügbar.

Download und Installation
Den Download der aktuellen Version finden Sie unter: http://www.gimp.org. Wie bei allen Programmen benötigen Sie auch für die Installation von GIMP Administratorrecht.

Portable Version
Wenn Sie GIMP auf dem zur Verfügung stehenden Rechner nicht installieren können oder wollen, dann gibt wie bei Open- und LibreOffice eine portable, also tragbare Version, die sich auf jedem USB-Stick installieren lässt. Sie finden diese Version: auf http://portableapps.com/de/apps.

Adobe Reader

Adobe Reader

Der wesentliche Vorteil von PDF-Dateien ist, dass es sich um ein geschlossenes Format handelt, das die Layoutdaten, Bilder, Farben und Schriften Ihrer Präsentation in eine Datei packt. Hierdurch stellen Sie sicher, dass die Präsentation auf jedem Computer auch identisch angezeigt wird. Probleme mit fehlenden Schriften oder anderen Versionen der Präsentationssoftware können somit nicht vorkommen.

Um PDF-Dateien öffnen und (im Vollbildmodus) präsentieren zu können, benötigen Sie den kostenlosen Reader von Adobe. Wie der Name sagt, ermöglicht dieser lediglich das Lesen der

PDF-Datei, Änderungen im PDF sind nicht möglich. Für diesen Zweck bietet Adobe ebenfalls eine Software namens *Acrobat* an, die allerdings kostenpflichtig ist.

Falls Änderungen erforderlich sind, dann nehmen Sie diese nicht im PDF, sondern in der Präsentationssoftware vor und schreiben danach ein neues PDF.

Download und Installation
Sie finden die aktuellste Version des PDF-Readers im Internet unter http://get.adobe.com/de/reader/. Zur Installation sind Administratorrechte erforderlich.

Portable Version
Leider gibt es den Adobe Reader nicht als in einer portablen Version. Wenn Sie einen portablen Reader benötigen, dann können Sie auf den ebenfalls kostenlosen *Foxit Reader* zurückgreifen, den Sie im Internet unter http://portableapps.com/de/apps finden.

FreeMind

Mind-Mappping ist eine weit verbreitete Kreativtechnik zur Visualisierung von Ideen und zur Veranschaulichung komplexer Zusammenhänge. Sie können ein Mindmap sowohl für sich alleine oder im Team entwerfen. Oft wird ein Mindmap zunächst mit Papier und Bleistift erstellt. Die Verwendung einer Software bietet jedoch den Vorteil, dass sich Mindmaps auf einfache Weise ändern, speichern, ausdrucken und per E-Mail versenden lassen. Mit FreeMind steht Ihnen eine kostenlose Mindmap-Software zur Verfügung.

FreeMind

Download und Installation
Freemind finden Sie unter http://freemind.sourceforge.net/wiki. Zur Installation von FreeMind sind Administratorrechte erforderlich.

PowerPoint

Einführung

Präsentieren gleich PowerPoint?

Die Bedeutung von PowerPoint im Bereich der Präsentation ist derart hoch, dass die Begriffe *Präsentieren* und *PowerPoint* oft fast schon synonym genannt werden. Wesentlicher Grund für den großen Erfolg von PowerPoint ist darin zu sehen, dass das Programm als Bestandteil des Microsoft-Office-Pakets eine hohe Verbreitung erfahren hat. Darüber hinaus ist PowerPoint relativ leicht erlernbar, wie Sie in diesem Kapitel sehen werden. Bereits nach wenigen Übungen können Sie Ihre eigenen Präsentationen erstellen.

Das Problem mit den Versionen

Die Problematik in der Beschreibung von Software liegt darin, dass sich eine Anleitung immer nur auf eine bestimmte Programmversion beziehen kann.

PowerPoint 2010

In diesem Kapitel beschreiben wir die momentan weit verbreitete Programmversion *PowerPoint 2010 für Windows*. Wenn Sie im Besitz von PowerPoint 2007 sind, dann werden Sie feststellen, dass sich bei 2010 relativ wenig geändert hat. Anders sieht es aus, wenn Sie noch PowerPoint 2003 installiert haben, da Microsoft mit Office 2007 eine neue Benutzeroberfläche eingeführt hat.

PowerPoint 2013 bzw. PowerPoint 365

Die neueste Office-Version 2013 bzw. 365 haben wir kurz vor Markteinführung als Betaversion getestet. Obwohl die Benutzeroberfläche optisch stark verändert und an Windows 8 angepasst wurde, ist die Bedienung der Software praktisch identisch mit PowerPoint 2010. Überall, wo es Änderungen gibt, haben wir dies in den Anleitungen mit dem neuen Logo 📄 vermerkt.

Auch für Apple-User ist die Office-Suite von Microsoft erhältlich, derzeit in der Version 2011. Als Alternative steht Ihnen für den „Mac" die Software *Keynote* von Apple zur Verfügung, auf die wir in diesem Buch allerdings nicht eingehen.

Kostenlose Alternative

Seit einigen Jahren sind kostenlose Office-Pakete wie OpenOffice, LibreOffice und Google Docs auf dem Markt und machen Microsoft zunehmend Konkurrenz. Viele Bildungseinrichtungen und Firmen stellen nicht zuletzt aus Kostengründen auf diese Produkte um. Wir stellen Ihnen im nächsten Kapitel die Präsentationssoftware Impress von LibreOffice vor. Sie steht für Windows, Mac und Linux zur Verfügung. Sie können Impress parallel zu PowerPoint installieren und testen. Entscheiden Sie selbst, mit welcher Software Sie besser zurecht kommen.

LibreOffice Impress

Benutzeroberfläche

Die PowerPoint-Benutzeroberfläche besteht aus drei Bereichen:

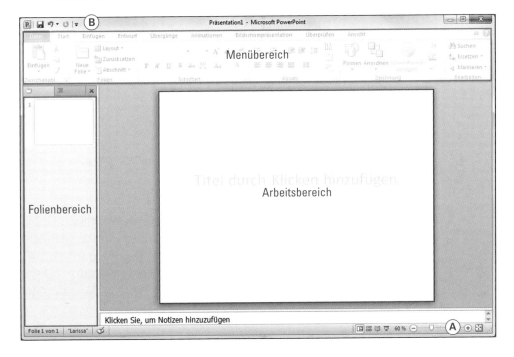

Arbeitsbereich

Im Arbeitsbereich bearbeiten Sie Ihre Folien. Die Darstellungsgröße lässt sich durch Verschieben des Reglers A ändern.

Folienbereich

Der Folienbereich zeigt die Reihenfolge Ihrer Folien an. Um diese Reihenfolge zu ändern, verschieben Sie die Folien mit gedrückter Maustaste nach unten oder oben. Durch Anklicken einer Folie wird diese im Arbeitsbereich angezeigt. Durch Drücken der *Return-Taste* wird eine neue Folie unterhalb der angeklickten Folie eingefügt.

Menübereich

Der Menübereich stellt Ihnen alle Werkzeuge zur Bearbeitung Ihrer Folien zur Verfügung: Hierzu klicken Sie zunächst auf den gewünschten Reiter, z. B. *Einfügen*. Danach helfen grafische Symbole, das benötigte Werkzeug zu finden.

Für die tägliche Arbeit sehr nützlich ist die Schnellstart-Symbolleiste am oberen linken Rand. Nach Anklicken des kleinen Pfeils **B** können Sie hier Befehle platzieren, die Sie immer wieder benötigen.

Wenn Sie häufig Präsentationen erstellen müssen, dann können Sie sich den Menübereich nach eigenen Vorstellungen zusammenstellen. Rechtsklicken Sie hierzu auf eine freie Stelle des Menübereichs und wählen Sie *Menüband anpassen...*

Aufgabenstellung

Zur Einarbeitung in PowerPoint schlagen wir vor, dass Sie eine Präsentation zum Thema *Meine Traumreise* erstellen. Dabei kann es sich um eine Reise handeln, die Sie bereits gemacht haben (hier: Ägypten), oder um eine Reise, die Sie gerne unternehmen würden. Treffen Sie folgende Vorbereitungen:

- Wählen Sie Digitalfotografien aus. (Zur Übung können auch Dateien aus dem Internet verwendet werden.)
- Beschaffen Sie sich wichtige Infos und Fakten über das Reiseland.
- Wählen Sie, falls vorhanden, einen Videoclip aus.
- Entscheiden Sie sich für eine Schrift, die zum Thema passt.
- Wählen Sie Farben, die zum Thema passen.

Folienmaster

Der Folienmaster dient zur Erstellung des Grundlayouts Ihrer Präsentation: Raster, Farben, Schriften, grafische Elemente. Durch die Verwendung eines Folienmasters stellen Sie sicher, dass die Präsentation ein einheitliches Aussehen erhält. Nachträgliche Änderungen des Folienmasters wirken sich auf alle Folien Ihrer Präsentation aus.

1   Öffnen Sie in PowerPoint eine neue, leere Präsentation.

2   Blenden Sie im Menü *Ansicht > Gitternetzlinien* das Raster ein.

3   Klicken Sie auf Menü *Ansicht > Folienmaster.*

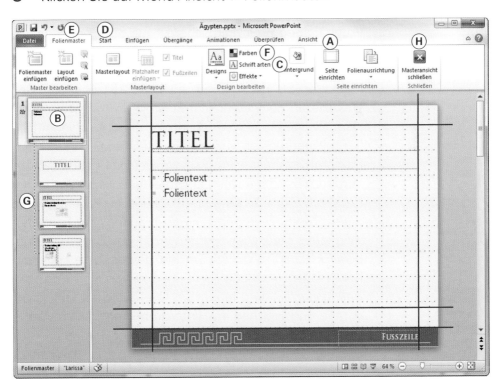

4 Eine PowerPoint 2010 verwendet standardmäßig ein Seitenverhältnis von 4:3, PowerPoint 2013 von 16:9. Wenn Sie wissen, dass Ihr Beamer ein anderes Seitenverhältnis hat, dann stellen Sie dies unter *Seite einrichten* A (P *Foliengröße*) ein.

5 Richten Sie auf der Masterfolie B das Grundlayout ein:
- Wählen Sie unter *Schriftarten* C die gewünschte Schrift. Klicken Sie auf *Start* D und stellen Sie die Schriftgröße, Schriftfarbe und Ausrichtung der Absätze ein. Beachten Sie, dass der an dieser Stelle angezeigte Text als Platzhalter dient und später nicht sichtbar ist. (Für das Thema Ägypten wählen wir als Titelschrift *Trajan Pro* in 54 px und für den Text *Univers Light* in 24 px)
- Kehren Sie zum Folienmaster E zurück und wählen Sie unter *Farben* F ein Farbschema aus oder erstellen Sie Ihr eigenes Farbschema. (Für das Thema Ägypten haben wir uns für warme Brauntöne entschieden.)
- Platzieren Sie die Rahmen für Titel, Text und eventuell Fußzeile an der gewünschten Stelle Ihres Layouts. Klicken Sie hierzu auf den Rahmen und verschieben Sie ihn mit gedrückter Maustaste. Orientieren Sie sich am Raster. (Das Raster in unserem Beispiel haben wir zur Verdeutlichung mit roten Linien eingezeichnet.)
- Ergänzen Sie, falls gewünscht, grafische Elemente, die Sie im Menü *Einfügen > Formen* finden. Zur Formatierung eines grafischen Elements machen Sie einen *Doppelklick* darauf: Wählen Sie die gewünschte Füll- und Konturfarbe. Im Menü *Format > Ebene nach vorne* bzw. *Ebene nach hinten* legen Sie fest, welches Objekt im Vorder- und welches im Hintergrund liegt. (Hier: Weiße Linie im Vorder-, brauner Kasten im Hintergrund.)

- Löschen Sie nicht benötigte Rahmen, z. B. Foliennummer oder Datum.

6   Unter der Masterfolie B sehen Sie weitere Layouts G: Hier können Sie Ihr Grundlayout an die unterschiedlichen Folientypen anpassen, um beispielsweise auf der Titelfolie eine größere Schrift zu wählen. Nicht benötigte Layouts können Sie nach Rechtsklick löschen. (Im Beispiel sehen Sie drei Folienlayouts: Titelfolie, Folien mit Text *oder* Bild und zweispaltige Folien mit Text *und* Bild.)

7   Schließen Sie den Folienmaster H. Sie können jederzeit in den Folienmaster zurückkehren (Menü *Ansicht > Folienmaster*), um Änderungen vorzunehmen.

8   Speichern Sie die Präsentation im Menü *Datei > Speichern* unter dem Namen „traumreise.pptx" ab.

Folien

Wenn Sie das Layout mit Hilfe des Folienmasters vorbereitet haben, ist das Erstellen der Folien fast schon ein Kinderspiel.

Titelfolie

1   Nach Beenden des Folienmasters finden Sie im Folienbereich zunächst nur eine Folie – die Titelfolie.

2   Klicken Sie auf den Rahmen des Titeltextfelds und geben Sie den Titel ein.

3   Klicken Sie auf Menü *Einfügen > Kopf- und Fußzeile* und geben Sie den Text der Fußzeile (hier: Meine Traumreise) ein.

Folien mit Text und Bild

4 Klicken Sie auf *Start* und danach auf *Neue Folie* A. Wählen Sie nun das gewünschte Layout **B** aus.

5 Text geben Sie entweder direkt in den Textrahmen ein oder Sie importieren ihn aus einem Textverarbeitungsprogramm (z. B. Word, Writer):

- Markieren Sie den Text und kopieren Sie ihn in die Zwischenablage (*Strg + C*).
- Machen Sie eine *Rechtsklick* auf den Textrahmen und wählen Sie als Einfügeoption *Nur den Text übernehmen* C. Damit bleibt die Textformatierung erhalten, die Sie im Folienmaster vorgenommen haben.

6 Damit Ihre Bilder exakt in den Bildrahmen passen, müssen Sie zunächst in GIMP (siehe Seite 242) einen Bildausschnitt

in der Größe des Rahmens wählen. Diese Größe finden Sie heraus, indem Sie auf den Rand des Bildrahmens einen *Rechtsklick* machen und danach *Größe und Position* D wählen.

7 Um das Bild einzufügen, klicken Sie im Bildrahmen auf das Bild-Symbol E und wählen danach die Datei aus.

Folien mit Tabelle oder Diagramm

8 Um eine Folie mit Tabelle zu erstellen:
- Klicken Sie auf das Tabellen-Symbol F geben Sie die gewünschte Anzahl an Zeilen und Spalten ein.
- Geben Sie die Daten ein.
- Zur Gestaltung stellt PowerPoint mit den *Tabellentools* G zahlreiche Möglichkeiten bereit: Unter *Entwurf* können Sie der Tabelle das gewünschte Format geben, unter *Layout* lassen sich unter anderem Zeilen oder Spalten einfügen oder löschen.

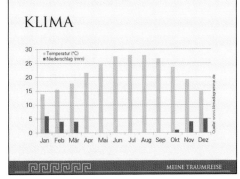

9 Um eine Folie mit Diagramm zu erstellen:

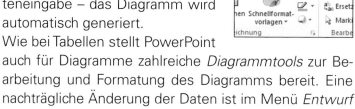

- Klicken Sie auf das Diagramm-Symbol H.
- Wählen Sie den gewünschten Diagrammtyp (vgl. Seite 99) und bestätigen Sie mit OK.
- Ändern Sie die Daten im Tabellenblatt wie gewünscht ab. Der Screenshot zeigt die Datentabelle für das Diagramm auf der letzten Seite.
- Schließen Sie das Fenster zur Dateneingabe – das Diagramm wird automatisch generiert.
- Wie bei Tabellen stellt PowerPoint auch für Diagramme zahlreiche *Diagrammtools* zur Bearbeitung und Formatung des Diagramms bereit. Eine nachträgliche Änderung der Daten ist im Menü *Entwurf > Daten bearbeiten* möglich.

Folie mit Videoclip

10 Um auf einer Folie ein Videoclip abzuspielen:

- Klicken Sie auf das Video-Symbol I.
- Durch Anklicken des kleinen Pfeils bei *Videodateien* J können Sie nachlesen, welche Videoformate PowerPoint importieren kann. Leider kommt es immer wieder vor, dass ein Video nicht abgespielt wird, obwohl es laut Dateiendung abspielbar sein müsste. In diesem Fall empfehlen wir, das Video mit einem kostenlosen Converter-Programm umzuwandeln. Sehr gut unter Windows ist die Freeware *Any Video Converter* (siehe Seite 184).
- Videos werden standardmäßig in PowerPoint eingefügt K. Bei großen Videodateien hat dies den Nachteil, dass

die PowerPoint-Datei eventuell eine lange Ladezeit hat. In diesem Fall haben Sie die Option, das Video mit der PowerPoint-Datei zu verknüpfen. Es wird dann nicht eingefügt, sondern aus der externen Datei abgespielt.

Achtung: Wenn Sie auf einem anderen Computer präsentieren, benötigen Sie in diesem Fall sowohl die PowerPoint- als auch die Videodatei.

- Auch für Videos stellt PowerPoint zahlreiche Bearbeitungsmöglichkeiten bereit. Besonders hilfreich ist, dass ein bestimmter Ausschnitt aus dem Video gewählt werden kann. Klicken Sie hierzu auf Menü *Wiedergabe > Video kürzen* und schieben den grünen und roten Regler L an die gewünschte Position.

11 Wie Sie wissen ist das Speichern von Youtube-Videos nicht gestattet. Es ist – eine Internetverbindung vorausgesetzt – jedoch erlaubt, Youtube-Videos direkt aus dem Internet abzuspielen (Streaming).

- Suchen Sie das gewünschte Video auf *Youtube*.
- Klicken Sie auf *Teilen* M und dann auf *Einbetten* N.
- Markieren und kopieren Sie den angegebenen Quellcode in die Zwischenablage. Hinweis: In Abhängigkeit vom Video muss die Option *Alten Einbettungscode verwenden* angeklickt sein O.

- Wählen Sie in PowerPoint Menü *Einfügen > Video > Video von Website* (Onlinevideo) und fügen Sie den kopierten Code ein.
- Testen Sie das Video, indem Sie oben links auf *Wiedergabe* klicken.

12 Speichern Sie die Präsentation ab.

Folienübergänge und Animationen

PowerPoint bietet zahlreiche digitale Effekt an, mit denen Sie Folien überblenden oder einzelne Objekte animieren können. Lassen Sie sich aber nicht zur „Effekthascherei" verführen! Die Gefahr ist groß, dass Sie Ihre eigene Präsentation ins Lächerliche ziehen. Machen Sie sich auch hier zum Motto: Weniger ist mehr!

Umkehrt können Folienübergänge und Animationen zur Verbesserung Ihrer Präsentation beitragen. So lässt sich die Aufmerksamkeit des Betrachters lenken, wenn die Inhalte einer Folie – passend zum Vortrag – erst nach und nach sichtbar werden. Auch eine Infografik wird anschaulicher, wenn sie sich sukzessive aufbaut, vergleichbar mit einem Tafelbild, das nach und nach entwickelt wird.

Folienübergänge

Der Übergang von einer Folie zur nächsten entspricht dem Schnitt beim Film. Hier gilt das Prinzip: Ein guter Schnitt fällt dem Zuschauer nicht auf! In den meisten Fällen kommt der sogenannte *harte Schnitt* zum Einsatz, bei dem die Szenen ohne Überblendung aufeinanderfolgen.

Eine Präsentation soll im Idealfall – wie ein guter Film – eine Geschichte erzählen. Deshalb ist es fraglich, ob Folienübergänge überhaupt erforderlich sind. Wenn Sie sich dafür entscheiden, dann wählen Sie unauffällige Folienübergänge.

1   Öffnen Sie, falls Sie sie geschlossen haben, Ihre Präsentation „traumreise.pptx".

2   Versehen Sie die Folien mit einem Übergang:

- Klicken Sie auf Menü *Übergänge* A.
- Suchen Sie einen geeigneten Effekt, z. B. *Verblassen*.
- Klicken Sie auf den Button *Effektoptionen* B, um eventuell weitere Einstellungen vorzunehmen.
- Klicken Sie auf den Button *Für alle übernehmen* C.
- Das Stern-Symbol im Folienbereich links zeigt Ihnen, dass ein Folienübergang vorhanden ist. Sie können darauf klicken, um den Effekt zu testen.

Animationen

Der Umgang mit Animationen erfordert einige Übung und führt anfänglich vielleicht zu etwas Frust. Doch wenn Ihnen die Logik einmal klar geworden ist, kommen Sie schnell zum gewünschten Ergebnis.

Beispiel 1: Animation eines Textes

Bei Folien mit stichpunktartigen Texten ist es oft nicht erwünscht, dass das Publikum von Anfang an alle Stichpunkte vor Augen hat und dann mit dem Lesen des Textes beschäftigt ist. Besser ist es, wenn nur der Stichpunkt sichtbar ist, über den Sie gerade sprechen.

1 Klicken Sie zuerst auf den Textrahmen, dessen Text Sie animieren möchten.

2 Klicken Sie auf *Animationen* A und danach auf *Animationsstil* B (bei 🔳 wählen Sie den Effekt direkt auswählen). PowerPoint unterscheidet drei Gruppen von Animationen:
- *Grün:* Objekt wird sichtbar (eingeblendet).
- *Gelb:* Objekt wird hervorgehoben.
- *Rot:* Objekt wird unsichtbar (ausgeblendet).

3 Wählen Sie durch Anklicken den gewünschten Effekt aus dem „grünen" Bereich, z. B. *Erscheinen*.

4 Klicken Sie auf *Animationsbereich* C und danach auf den kleinen Pfeil D rechts neben der Animation. Klicken Sie auf *Effektoptionen...* und

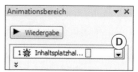

wählen Sie auf der Registerkarte *Effekt* unter *Nach der Animation* die Farbe, auf der der Text nach der Animation angezeigt werden soll, z.B. ein helles Grau.

5 Unter *Effektoptionen* E können Sie festlegen, ob der Text zeilenweise oder auf einmal eingeblendet wird. Wir belassen die Einstellung auf *Nach Absatz*.

6 Unter *Start* F stellen Sie ein, ob die Absätze automatisch nach einer vorgegebenen Zeit oder nach Mausklick eingeblendet werden sollen.

7 Durch Klicken auf *Vorschau* G können Sie die Animation testen, ohne dass Sie die Präsentation starten müssen.

Beispiel 2: Animation eines Diagramms

Wir erstellen eine Animation für das „Klimadiagramm":
- Zuerst ist nur das leere Diagramm sichtbar.
- Ein Mausklick blendet die Datenreihe „Temperatur" ein.
- Nach einem weiteren Mausklick werden die Datenreihe zu

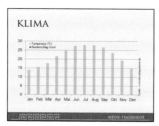
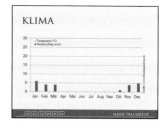

den Niederschlägen ein- und die Temperaturdaten wieder ausgeblendet.

8   Die Vorgehensweise entspricht den Schritten 1 bis 6 von Beispiel 1:
    ▪ Objekt anklicken (hier: Diagramm),
    ▪ Menü Animation wählen,
    ▪ Animation wählen (hier: Verblassen),
    ▪ Effektoptionen wählen (hier: Nach Serien),
    ▪ Animation testen.

9   Das leere Diagramm soll nicht animiert werden, sondern von Anfang an sichtbar sein:
    ▪ Klicken Sie im *Animationsbereich* auf den kleinen Doppelpfeil G: Sie sehen, dass Ihre Animation aus drei Teilanimationen besteht: Diagramm, 1. Datenreihe, 2. Datenreihe. Leider ist am Text nicht erkennbar, welche Animation zu welchem Teil gehört, dies können Sie aber durch Abspielen der Animation (Wiedergabe H) herausfinden.
    ▪ Klicken Sie auf Animation 1 (Diagramm) und löschen Sie sie mittels *Entf-Taste*.

10 Die 1. Datenreihe (Temperaturen) wird ausgeblendet, wenn die 2. Datenreihe (Niederschläge) eingeblendet wird:
    ▪ Klicken Sie auf das Diagramm.
    ▪ Klicken Sie auf *Animation hinzufügen* und wählen Sie *Verblassen,* diesmal aus dem „roten" Bereich.
    ▪ Im Animationsbereich sind drei neue Animationen sichtbar, von denen Sie zwei (Diagramm und 2. Datenreihe) löschen.
    ▪ Klicken Sie abschließend auf den kleinen Pfeil I und wählen Sie *Mit vorherigem beginnen*.

Hyperlinks

Nicht immer ist es gewünscht, dass eine Präsentation (linear) von Anfang bis Ende durchgeblättert wird. Möglicherweise gliedert sich Ihre Präsentation in Kapitel, die von einem Inhaltsverzeichnis aus aufgerufen werden. Die Rückkehr zum Inhaltsverzeichnis kann sinnvoll sein, damit Ihr Publikum nicht den Überblick verliert.

Über Hyperlinks können Sie nicht nur Webseiten oder Dateien verlinken, sondern auch innerhalb Ihrer Präsentation zur gewünschten Folie springen.

1   Erstellen Sie eine Folie mit einer Inhaltsübersicht.

2   Bringen Sie einen Hyperlink am ersten Begriff an:
- Markieren Sie den ersten Begriff.
- Wählen Sie Menü *Einfügen > Hyperlink* (P⃣ Link).
- Klicken Sie im sich öffnenden Fenster auf den Button *Textmarke...*
- Wählen Sie die gewünschte Folie aus und bestätigen Sie mit OK.
- Hyperlinks werden unterstrichen und in einer anderen Farbe dargestellt. Die Farbe der Links können Sie ändern: Menü *Entwurf > Farben > Neue Designfarben erstellen...* (Bei P⃣ klicken Sie auf den kleinen Pfeil bei Varianten und wählen *Farben > Farben anpassen*).
- Den Hyperlink können Sie nur testen, wenn Sie die Präsentation starten: Klicken Sie hierzu auf das Symbol A in der Fußzeile unten rechts.

- Beenden Sie die Präsentation durch Drücken der *Esc-Taste*.
- Bringen Sie nach dieser Vorgehensweise die Hyperlinks für alle weiteren Begriffe an.

3 Der Rücksprung ins Inhaltsverzeichnis soll durch Anklicken eines Buttons möglich sein:
- Gehen Sie zur Folie, auf der Sie den Rücklink anbringen möchten.
- Wählen Sie im Menü *Einfügen > Formen > Interaktive Schaltflächen* den Linkspfeil (ganz unten).
- Ziehen Sie die Schaltfläche mit gedrückter linker Maustaste in der gewünschten Größe auf.
- Nach Loslassen der Maustaste öffnet sich ein Fenster. Wählen Sie Menü *Hyperlink zu > Folie...* und im nächsten Fenster die Folie mit dem Inhaltsverzeichnis aus.
- Nach Doppelklick auf die Schaltfläche können Sie die gewünschte Formatierung vornehmen.

4 Speichern Sie Ihre Präsentation ab.

Folienreihenfolge

Vermutlich werden Sie die Reihenfolge, in der Sie Ihre Folien zeigen werden, mehrere Male ändern. Hierzu bietet Ihnen PowerPoint unten rechts oder im Menü *Ansicht* eine praktische *Foliensortierung* A.

1 Ändern Sie die Reihenfolge der Folien, indem Sie die Folie mit gedrückter Maustaste an die gewünschte Stelle ziehen.

2 Klicken Sie auf den kleinen Stern (B auf nächste Seite) unterhalb der Folie, um eine Vorschau auf die Animationen und Übergänge zu erhalten.

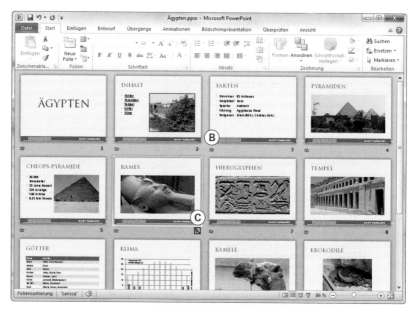

3 Durch einen Rechtsklick auf eine Folie und Auswahl von *Folie ausblenden* erreichen Sie, dass die Folie ausgeblendet wird, ohne dass Sie sie löschen müssen. Dies ist dann sinnvoll, wenn Sie eine Präsentation mehrfach benötigen und unterschiedlich zusammenstellen wollen. Ein Symbol C zeigt die ausgeblendeten Folien an.

Präsentation testen

Bevor es „ernst" wird sollten Sie Ihre Präsentation in Ruhe testen. Die beste Lösung ist es, wenn Sie zur Präsentation Ihr eigenes Laptop oder Notebook mitnehmen können. In diesem Fall schließen Sie Ihren Computer wie auf Seite 153 beschrieben an den Beamer an und können loslegen.

Steht kein eigenes Laptop zur Verfügung oder ist die Mitnahme zu umständlich, muss auf die im Vortragsraum vorhandene Hard- und Software zurückgegriffen werden. Ihre Präsentation bringen Sie dann auf einem USB-Stick oder einer externen Festplatte mit.

Testen Sie die Präsentation unbedingt! Probleme ergeben sich, wenn

- eine verwendete Schrift nicht vorhanden ist (Zum Einbetten von Schriften siehe Punkt 1 auf der nächsten Seite.),
- das Betriebssystem die verwendeten Videos oder Sounds nicht abspielen kann,
- PowerPoint nicht oder nur in einer älteren Version vorhanden ist, die nicht alle Features unterstützt.

Präsentationsansicht

Wenn Sie einen zweiten Bildschirm oder Beamer an Ihren Rechner anschließen, dann können Sie in PowerPoint einstellen, dass auf Ihrem Computer Zusatzinformationen zu sehen sind, die Ihre Zuschauer (auf dem Beamer) nicht sehen.

1 Wählen Sie Menü *Bildschirmpräsentation > Bildschirmpräsentation einrichten*. Setzen Sie dort das Häkchen bei *Präsentationsansicht* (⊡ *Referentenanischt verwenden*).

2 Klicken Sie wahlweise auf die Schaltfläche *Von Beginn an* oder drücken Sie die *Funktionstaste F5*, um Ihre Präsentation zu starten.

3 Sie sehen auf einem der Monitore die Präsentation und auf dem anderen das rechts gezeigte Vorschaufenster, das folgende Informationen zeigt:
- Foliennummer
- Dauer seit Start
- Uhrzeit
- Notizen zur Folie
- Nach Anklicken des Stifts A können Sie die Folien beschreiben.
- Anklicken des Blatt-Symbols B ermöglicht u. a. eine Unter-

brechung der Präsentation durch Schwarz- oder Weiß-schaltung des Beamers.

Präsentation verpacken

Falls Ihnen für die Präsentation kein Rechner mit der aktuellen PowerPoint-Version zur Verfügung steht, dann „verpacken" Sie die Präsentation, so dass sie ohne PowerPoint nutzbar ist:

1 Fügen Sie die verwendeten Schriften in Ihre Präsentation ein: Menü *Datei > Optionen > Speichern*. Setzen Sie das Häkchen bei *Schriftarten in Datei einbetten*. Beachten Sie, dass Schriften nur eingebettet werden, wenn sie nicht lizenzrechtlich geschützt sind.

2 Wählen Sie Menü *Datei > Speichern und Senden* (▣ *Exportieren*).

3 Wählen Sie die Option *Bildschirmpräsentation für CD verpacken* (Die Bezeichnung ist irreführend, denn Sie brauchen keine CD zu brennen.)
   - Klicken Sie auf den Button *Verpacken für CD*.
   - Klicken Sie auf den Button *In Ordner kopieren* C.
   - Wählen Sie einen Speicherort aus.
   - Bestätigen Sie mit OK.
   - PowerPoint erstellt nun einen Ordner und fügt alle Dateien ein, die Sie zum Abspielen der Präsentation benötigen.

4 Um die Präsentation auf einem anderen Rechner zu verwenden:

- Kopieren Sie den *gesamten Ordner* auf einen USB-Stick, um ihn auf den Zielrechner zu übertragen.
- Starten Sie die Präsentation durch Doppelklick auf die Präsentationsdatei, die nun die Dateiendung *.ppsx* hat.

Handout

Oft besteht der Wunsch, dem Publikum die Präsentation als *Handout* in gedruckter Form mit nach Hause zu geben. Power-Point stellt hierfür zwei Möglichkeiten bereit:

1 Öffnen Sie Menü *Ansicht > Handzettelmaster*.

- Wählen Sie hier die Anzahl der Folien pro Seite (hier: 3).
- Geben Sie Zusatzinformationen ein, z.B. „Meine Traumreise" in der Kopfzeile.
- Formatieren Sie die Schrift wie gewünscht.
- Wählen Sie nun Menü *Datei > Drucken*.
- Klicken Sie auf die Schaltfläche *Ganzseitige Folien* und wählen Sie den Handzettel mit der oben eingestellten Folienanzahl.
- Drucken Sie die Handzettel aus.

2 Wenn Sie ein Handout erstellen möchten, das Sie manuell nachbearbeiten können, dann bietet Ihnen PowerPoint die Möglichkeit, die Folien in Word zu exportieren:

- Wählen Sie Menü *Datei > Speichern und Senden* (Exportieren).
- Klicken Sie auf die unterste Option *Handzettel erstellen* und danach auf den gleichnamigen Button.
- Nach Auswahl des Grundlayouts im nächsten Fenster fügt PowerPoint alle Folien in eine Worddatei ein.

Einführung

Präsentieren ohne PowerPoint?

Im Bereich der Bildschirm-Präsentationen ist PowerPoint von Microsoft seit Jahren Marktführer. Da die Software Bestandteil des Office-Pakets ist und deshalb zusammen mit Word und Excel installiert wird, hat sie eine große Verbreitung und Akzeptanz erfahren.

Vielleicht sind Sie noch gar nie auf die Idee gekommen, dass es auch kostenlose Alternativen geben könnte. Diese Alternativen gibt es jedoch! Immer mehr Bildungseinrichtungen und auch Firmen scheuen die hohen Lizenzgebühren für Microsoft-Produkte und greifen deshalb auf kostenlose Programme aus dem Open-Source-Bereich zurück. Zu allem Überfluss gibt es im Bereich der kostenlosen Office-Pakete sogar mehrere konkurrierende Angebote.

OpenOffice oder LibreOffice?

LibreOffice Impress

OpenOffice Impress

Bei den Office-Paketen haben Sie zurzeit die Wahl zwischen zwei kostenlosen Alternativen: *OpenOffice* (genauer: Apache OpenOffice) und *LibreOffice*. Beide Programmpakete sind aus dem gemeinsamen Vorgänger *OpenOffice.org* entstanden und sehen sich deshalb (noch) täuschend ähneln. Dies könnte sich in den nächsten Jahren ändern, denn es ist leider noch nicht absehbar, ob beide Projekte parallel weiterentwickelt werden oder ob es zukünftig nur noch ein Paket geben wird.

Die Präsentationssoftware heißt sowohl bei OpenOffice als auch bei LibreOffice *Impress*. Sie unterscheidet sich bei den uns vorliegenden Versionen (Stand: April 2013) bis auf Kleinigkeiten nicht, so dass Sie die Wahl haben, ob Sie lieber OpenOffice oder LibreOffice installieren. Wir verzichten zum heutigen Stand auf eine Empfehlung für das eine oder andere Programm. Sie können problemlos auch beide installieren und miteinander vergleichen. Die Screenshots in diesem Kapitel entstammen LibreOffice.

Benutzeroberfläche

Die Impress-Benutzeroberfläche gliedert sich in vier Bereiche:

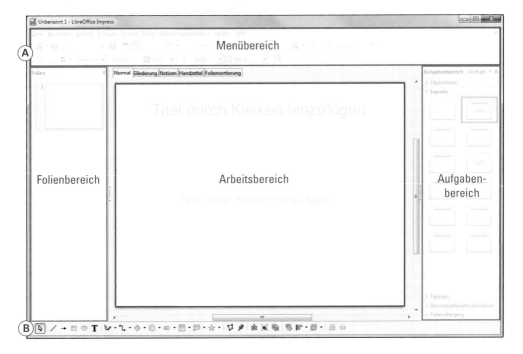

Menübereich

Der Menübereich stellt Ihnen alle Werkzeuge zur Bearbeitung Ihrer Folien zur Verfügung. Die Werkzeuge sind thematisch in sogenannten *Symbolleisten* zusammengefasst. Alle Symbolleisten können im Menü *Ansicht > Symbolleisten* ein- oder ausgeblendet werden.

Jede Symbolleiste besitzt am linken Rand einen Anfasser A, an dem Sie die Leiste mit gedrückter Maustaste an eine andere Stelle verschieben können. Im Screenshot befindet sich die Symbolleiste *Zeichnen* B am unteren Bildschirmrand.

Arbeitsbereich

Im Arbeitsbereich bearbeiten Sie Ihre Folien. Die Darstellungsgröße können Sie im Menü *Ansicht > Maßstab…* ändern.

Folienbereich

Der Folienbereich zeigt die Reihenfolge Ihrer Folien an. Um diese Reihenfolge zu ändern, verschieben Sie die Folien mit gedrückter Maustaste nach unten oder oben. Durch Anklicken einer Folie wird diese im Arbeitsbereich angezeigt. Durch Drücken der *Return-Taste* wird eine neue Folie unterhalb der gewählten Folie eingefügt.

Aufgabenbereich

Der Aufgabenbereich ermöglicht einen schnellen Zugriff auf bestimmte Themen, z. B. Layout, Animationen, Übergänge. Auf die einzelnen Funktionen gehen wir in den entsprechenden Kapiteln ein.

Aufgabenstellung

Zur Einarbeitung in Impress schlagen wir vor, dass Sie eine Präsentation zum Thema *Meine Traumreise* erstellen. Dabei kann es sich um eine Reise handeln, die Sie bereits gemacht haben (hier: Ägypten), oder um eine Reise, die Sie gerne unternehmen würden. Machen Sie folgende Vorbereitungen:

- Wählen Sie Digitalfotografien aus. (Zur Übung können auch Dateien aus kostenlosen Bilddatenbanken im Internet verwendet werden.)
- Beschaffen Sie sich wichtige Infos und Fakten über das Reiseland.
- Wählen Sie, falls vorhanden, einen Videoclip aus.
- Entscheiden Sie sich für eine Schrift, die zum Thema passt.
- Wählen Sie Farben, die zum Thema passen.

Folienmaster

Der Folienmaster dient zur Erstellung des Grundlayouts Ihrer Präsentation: Raster, Farben, Schriften, grafische Elemente. Durch die Verwendung eines Folienmasters stellen Sie sicher, dass die Präsentation ein einheitliches Aussehen erhält. Nachträgliche Änderungen des Folienmasters wirken sich auf alle Folien Ihrer Präsentation aus.

1   Öffnen Sie in Impress eine neue, leere Präsentation.

2   Blenden Sie im Menü *Ansicht > Raster > Raster sichtbar* das Raster ein.

3   Klicken Sie auf Menü *Ansicht > Master > Folienmaster:*

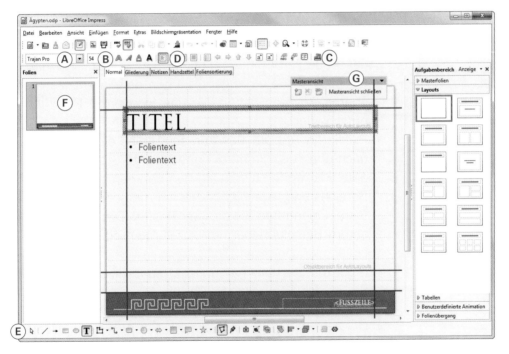

4   Eine Impress-Präsentation besitzt standardmäßig ein Seitenverhältnis von 4 : 3 (siehe Seite 118). Wenn Sie wissen, dass Ihr Beamer ein anderes Seitenverhältnis hat, z.B. 16 : 10, dann stellen Sie dies im Menü *Format > Seite* ein.

5   Richten Sie auf der Masterfolie das Grundlayout Ihrer Folien ein:

- Markieren Sie den Text des Titelbereichs. Wählen Sie die gewünschte *Schriftart* A, *Schriftgröße* B, *Schriftfarbe* C und *Satzart* D. Sämtliche Einstellungen zur Schrift können Sie auch im Menü *Format > Zeichen...* bzw. *Format > Absatz...* vornehmen. (Für unser Thema *Ägypten* wählen wir als Titelschrift Trajan Pro in 54 px und für den Text Univers Light in 24 px) Beachten Sie, dass der an dieser Stelle angezeigte Text als Platzhalter dient und später nicht sichtbar ist.
- Die Hintergrundfarbe Ihrer Präsentation wählen Sie im Menü *Format > Seite... > Hintergrund*. Wenn Sie keine passende Farbe finden, können Sie im Menü *Format > Fläche... > Farben* eigene Farben definieren. (Für das Thema Ägypten haben wir uns für warme Brauntöne entschieden.)
- Platzieren Sie die Rahmen für Titelbereich, Objektbereich und Fußzeile an die gewünschte Stelle Ihres Layouts. Klicken Sie hierzu auf den Rahmen des jeweiligen Bereichs und verschieben Sie ihn mit gedrückter Maustaste. Orientieren Sie sich am Raster. (Das Raster in unserem Beispiel haben wir zur Verdeutlichung mit roten Linien eingezeichnet.)
- Ergänzen Sie, falls gewünscht, grafische Elemente, die Sie in der Symbolleiste *Zeichnen* E am unteren Bildschirmrand finden (hier: Rechteck und weiße Linie).
- Die Formatierung eines grafischen Elements (Füllfarbe, Konturlinie) erfolgt entweder im Menü *Format* oder durch Rechtsklick auf das Element. Unter *Anordnung* legen Sie fest, welches Objekt im Vorder- und welches im Hintergrund liegt (hier: Weiße Linie im Vordergrund, brauner Kasten im Hintergrund).

- Entfernen Sie im Menü *Ansicht > Master > Masterelemente...* nicht benötigte Rahmen, im Beispiel Foliennummer und Datum/Uhrzeit.

6 Falls Sie für Ihre Präsentation mehrere unterschiedliche Layouts benötigen, dann machen Sie im Folienbereich einen Rechtsklick auf die Masterfolie F und wählen *Neuer Master*. Für die meisten Präsentationen dürfte allerdings ein Folienmaster genügen.

7 Schließen Sie die Masteransicht G. Sie können jederzeit zum Folienmaster zurückkehren (Menü *Ansicht > Master > Folienmaster*), um Änderungen vorzunehmen.

8 Speichern Sie die Präsentation im Menü *Datei > Speichern* unter dem Namen „traumreise.odp" ab.

Folien

Wenn Sie das Layout mit Hilfe des Folienmasters vorbereitet haben, ist das Erstellen der Folien fast schon ein Kinderspiel.

Titelfolie

1 Nach Beenden des Folienmasters finden Sie im Folienbereich zunächst nur eine Folie – die Titelfolie. Sie besitzt zwar die Farben und grafischen Elemente des Folienmasters, unterscheidet sich jedoch in der Platzierung der Textfelder. Der Grund ist, dass Titelfolien in der Regel nur das Thema der Präsentation zeigen sollen.

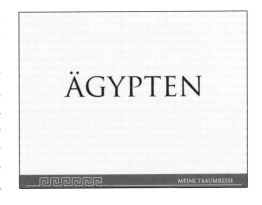

2 Geben Sie Ihr Thema im Titeltextfeld ein und formatieren Sie den Text wie gewünscht. Entfernen Sie nach Anklicken das zweite Textfeld.

3 Klicken Sie nun auf Menü *Ansicht > Kopf- und Fußzeile...* und geben Sie den Text für Ihre Fußzeile (hier: Meine Traumreise) ein.

Folien mit Text und Bild

4 Wählen Sie Menü *Einfügen > Neue Folie*. Weisen Sie der Folie im Aufgabenbereich das gewünschte Layout A zu.

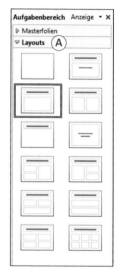

5 Text geben Sie entweder direkt in den Textrahmen ein oder Sie importieren ihn aus einem Textverarbeitungsprogramm (z. B. Word, Writer):
- Markieren Sie den Text und kopieren Sie ihn in die Zwischenablage (*Strg + C*).
- Klicken Sie in den Textrahmen und fügen Sie den Text ein (*Strg + V*).

6 Damit Ihre Bilder exakt in den Bildrahmen passen, müssen Sie zunächst in GIMP (siehe Seite 242) einen Bildausschnitt in der Größe des Rahmens wählen. Diese Größe finden Sie heraus, indem Sie auf den

Rand des Bildrahmens rechtsklicken und *Position und Größe...* wählen.

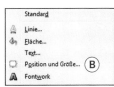

7 Um das Bild einzufügen, klicken Sie im Bildrahmen auf das Bild-Symbol E und wählen danach die Datei aus.

Folien mit Tabelle oder Diagramm

8 Um eine Folie mit Tabelle zu erstellen:
- Klicken Sie auf das Tabellen-Symbol F geben Sie die gewünschte Anzahl an Zeilen und Spalten vor.
- Geben Sie die Daten ein.
- Zur Gestaltung der Tabelle (Farben, Rahmenlinie, Schrift) gehen Sie folgendermaßen vor: Markieren Sie den zu formatierenden Bereich, z. B. eine Zeile oder die gesamte Tabelle. Machen Sie danach einen Rechtsklick und wählen Sie *Tabelle* G. Nehmen Sie nun die gewünschten Formatierungen vor.
- Die nachträgliche Änderung der Tabelle, z. B., um eine Zeile bzw. Spalte zu löschen oder einzufügen, erfolgt ebenfalls nach Rechtsklick und Auswahl von *Zeile* bzw. *Spalte* H.

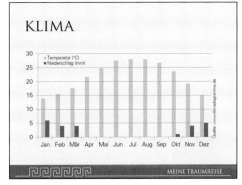

9 Um eine Folie mit Diagramm zu erstellen:
  - Klicken Sie auf das Diagramm-Symbol A.
  - Klicken Sie zunächst auf das Symbol B zur Bearbeitung der Datentabelle.

  - Ändern Sie die Daten im Tabellenblatt wie gewünscht ab. Klicken Sie auf die roten und grünen Symbole C, um Spalten bzw. Zeilen zu löschen (rot) oder einzufügen (grün). Der Screenshot zeigt die Datentabelle für das Diagramm auf der vorherigen Seite.

  - Wählen Sie im nächsten Schritt den gewünschten Diagrammtyp D (vgl. Seite 99) und bestätigen Sie mit OK.
  - Zur Formatierung der einzelnen Diagrammelemente gehen Sie folgendermaßen vor: Wählen Sie im Menü E das zu formatierende Element und klicken Sie danach auf *Auswahl formatieren* F. Nehmen Sie nun die gewünschten Änderungen vor.
  - Klicken Sie auf eine Stelle außerhalb des Diagramms, um den Diagramm-Assistenten zu beenden. Durch Doppelklick auf das Diagramm gelangen Sie wieder in den Assistenten.

Folie mit Videoclip

10 Um auf einer Folie ein Videoclip abzuspielen:
  - Klicken Sie auf das Video-Symbol G.
  - Durch Anklicken des kleinen Pfeils bei *Alle Film- und*

Klangdateien H können Sie nachlesen, welche Videoformate Impress importieren  kann. Leider kommt es dennoch immer wieder vor, dass ein Video nicht abgespielt wird, obwohl es laut Dateiendung abspielbar sein müsste. Dies liegt daran, dass die zum Abspielen von Videos erforderlichen *Codecs* im Betriebssystem installiert sein müssen.

- Wenn Ihr Video nicht funktioniert, dann finden Sie im Internet kostenlose Konverter-Programme, mit denen sich Videos in andere Formate umwandeln lassen. Empfehlenswert unter Windows ist die Freeware *Any Video Converter* (siehe Seite 184).
- Wichtig: Videos müssen Sie unbedingt immer auf dem Rechner testen, mit dem Sie präsentieren!
- Videos werden bei Impress standardmäßig verknüpft I. Dies bedeutet, dass der Videoclip nicht in die Präsentation eingefügt, sondern aus einer externen Datei abgespielt wird. Dies hat den Vorteil, dass die Datenmenge der Impress-Datei klein bleibt. Beachten Sie aber: Wenn Sie auf einem anderen Computer präsentieren, benötigen Sie in diesem Fall sowohl die Impress- als auch die Videodatei.
- Bei kleinen Videodateien ist es sinnvoll, das Häkchen bei *Verknüpfen* I zu entfernen, so dass der Videoclip dann in die Impress-Datei eingefügt wird.

11 Speichern Sie die Präsentation ab.

Folienübergänge und Animationen

Impress bietet zahlreiche digitale Effekt an, mit denen Sie Folien überblenden oder einzelne Objekte animieren können. Lassen Sie sich aber nicht zur „Effekthascherei" verführen! Die Gefahr ist groß, dass Sie Ihre eigene Präsentation ins Lächerliche ziehen. Machen Sie sich auch hier zum Motto: Weniger ist mehr! Umkehrt können Folienübergänge und Animationen zur Verbesserung Ihrer Präsentation beitragen. So lässt sich die Aufmerksamkeit des Betrachters lenken, wenn die Inhalte einer Folie – passend zum Vortrag – erst nach und nach sichtbar werden. Auch eine Infografik wird anschaulicher, wenn sie sich sukzessive aufbaut, vergleichbar mit einem Tafelbild, das nach und nach entsteht.

Folienübergänge

Der Übergang von einer Folie zur nächsten entspricht dem Schnitt beim Film. Hier gilt das Prinzip: Ein guter Schnitt fällt dem Zuschauer nicht auf! In den meisten Fällen kommt der sogenannte *harte Schnitt* zum Einsatz, bei dem die Szenen ohne Überblendung aufeinanderfolgen.

Eine Präsentation soll im Idealfall – wie ein guter Film – eine Geschichte erzählen. Deshalb ist es fraglich, ob Folienübergänge überhaupt erforderlich sind. Wenn Sie sich dafür entscheiden, dann wählen Sie unauffällige Folienübergänge.

1   Öffnen Sie, falls Sie sie geschlossen haben, Ihre Präsentation „traumreise.odp".

2   Wenn der Aufgabenbereich sichtbar ist, klicken Sie auf den Reiter *Folienübergänge*. Andernfalls wählen Sie im Menü *Bildschirmpräsentation > Folienübergänge...*

3   Suchen Sie sich einen Effekt A aus, z. B. *Direkt über Schwarz*.

4 Wählen Sie die gewünschte Abspielgeschwindigkeit B. Wenn das Häkchen bei *Automatische Vorschau* C gesetzt ist, wird der Übergang direkt angezeigt.

5 Klicken Sie auf den Button *Für alle Folien überneh-men* D.

6 Das Rauten-Symbol E im Folienbereich links zeigt Ihnen, dass ein Folienübergang vorhanden ist.

Animationen

Der Umgang mit Animationen erforderte einige Übung und führt anfänglich vielleicht zu etwas Frust. Doch wenn Ihnen die Logik klar geworden ist, kommen Sie schnell zum gewünschten Ergebnis.

Beispiel 1: Animation eines Textes

Bei Folien mit stichpunktartigen Texten ist es oft nicht erwünscht, dass das Publikum von Anfang an alle Stichpunkte vor Augen hat und dann mit dem Lesen des Textes beschäftigt ist. Besser ist es, wenn der Stichpunkt, über den Sie gerade sprechen, optisch hervorgehoben wird.

1 Klicken Sie zuerst auf den Textrahmen, dessen Text Sie animieren möchten.

2 Wenn der Aufgabenbereich sichtbar ist, klicken Sie auf den Reiter *Benutzerdefinierte Animation*. Andernfalls wählen Sie im Menü *Bildschirmpräsentation > Benutzerdefinierte Animation...*

3 Klicken Sie auf *Hinzufügen* A und wählen Sie unter *Eingang* den Effekt *Erscheinen*.

4 Machen Sie einen Doppelklick auf die Animation B.

- Wählen Sie auf der Registerkarte *Effekte* unter *Nach der Animation* die Option *Mit Farbe abblenden*. Wählen Sie die gewünschte *Abblendfarbe*, z. B. ein helles Grau. Hierdurch erreichen Sie, dass der Text zwar noch sichtbar, aber nicht mehr im Fokus ist.
- Prüfen Sie, ob auf der Registerkarte *Textanimation* unter *Texte gruppieren* die Option *Nach 1. Abschnittsebene* eingestellt ist. Dies bewirkt, dass der Text abschnittsweise eingeblendet wird.
- Auf der Registerkarte *Anzeigedauer* stellen Sie unter *Starten* ein, dass die Textabschnitte *Beim Klicken* und nicht automatisch nach einer bestimmten Zeit animiert werden sollen.

5 Klicken Sie auf den Button *Bildschirmpräsentation* C, um die Animation zu testen. (Mit dem Button Wiedergabe D lassen sich nicht alle Einstellungen, z. B. Mausklicks, testen.)

Beispiel 2: Animation eines Diagramms

Wir erstellen eine Animation für das „Klimadiagramm":

- Zuerst ist nur das leere Diagramm sichtbar.
- Nach Mausklick wird die Datenreihe zur Temperatur eingeblendet.
- Nach einem weiteren Mausklick werden die Datenreihe zu den Niederschlägen ein- und die Temperaturdaten wieder ausgeblendet.

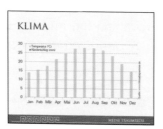
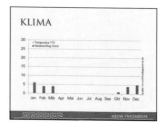

6 Die gewünschte Animation einzelner Datenreihen ist bei Impress (im Unterschied zu PowerPoint) direkt nicht vorgesehen. Durch einen Trick gelingt die Animation trotzdem:

- Rechtsklicken Sie auf das Diagramm und wählen Sie *Aufbrechen*. Das Diagramm wird nun in seine Bestandteile zerlegt (und kann nun allerdings nicht mehr als Diagramm bearbeitet werden).
- Klicken Sie nacheinander mit gedrückter *Shift-Taste* auf die Balken der 1. Datenreihe bis alle markiert sind. Wählen Sie nach Rechtsklick die Option *Gruppieren*. Die Balken stellen nun eine Gruppe dar, die animiert werden kann.
- Wiederholen Sie den Vorgang für die 2. Datenreihe.

7 Animieren Sie die 1. Datenreihe wie unter 2 bis 5 beschrieben. Wählen Sie den Animationseffekt *Erscheinen*.

8 Animieren Sie die 2. Datenreihe.

9 Die 1. Datenreihe (Temperaturen) soll ausgeblendet werden wenn die 2. Datenreihe (Niederschläge) eingeblendet wird:

- Klicken Sie auf die 1. Datenreihe.
- Klicken Sie auf *Hinzufügen* und wählen Sie unter *Beenden* den Animationseffekt *Verschwinden*.
- Wählen Sie unter *Starten* die Option *Mit Vorheriger*, damit die Datenreihe ausgeblendet wird, wenn die Datenreihe mit den Niederschlägen eingeblendet wird.

10 Testen Sie die Animation.

11 Speichern Sie Ihre Präsentation ab.

Interaktion

Manchmal soll eine Präsentation nicht von Anfang bis Ende (linear) durchgeblättert werden. Möglicherweise gliedert sich Ihre Präsentation in Kapitel, die von einem Inhaltsverzeichnis aus aufgerufen werden. Die Rückkehr zum Inhaltsverzeichnis kann sinnvoll sein, damit Ihr Publikum nicht den Überblick verliert.

Impress bezeichnet diese Art von Verlinkung *innerhalb* einer Präsentation als *Interaktion*. (Wenn Sie Links zu *externen* Dateien oder Webseiten benötigen, dann fügen Sie diese über Menü *Einfügen > Hyperlink...* ein.)

1 Erstellen Sie eine Folie mit einer Inhaltsübersicht. Die Interaktion kann nur an einem ganzen Objekt, z. B. Textfeld, angebracht werden – einzelne Wörter (wie bei Links) genügen nicht. Für jeden Begriff des Inhaltsverzeichnis benötigen Sie deshalb ein eigenes Textfeld:
   - Geben Sie den ersten Begriff ins Textfeld ein.
   - Verkleinern Sie den Textrahmen durch Ziehen des kleinen Quadrats in der rechten unteren Ecke auf die Größe Ihres ersten Begriffs.
   - Wählen Sie nun im Menü *Bearbeiten > Duplizieren...* Geben Sie die gewünschte Anzahl und bei Verschiebung für die X-Achse 0 cm und für die Y-Achse z. B. 1,5 cm ein.
   - Ändern Sie abschließend die duplizierten Texte.

2 Bringen Sie die Interaktion am ersten Begriff an:
   - Klicken Sie auf das oberste Textfeld.
   - Wählen Sie Menü *Bildschirmpräsentation > Interaktion* und danach die Aktion *Sprung zu Folie oder Objekt*.

- Wählen Sie die gewünschte Folie aus und bestätigen Sie mit OK.
- Testen Sie die Interaktion durch Abspielen Ihrer Präsentation: Menü *Bildschirmpräsentation > Bildschirmpräsentation* oder die *Funktionstaste F5*.
- Beenden Sie die Präsentation durch Drücken der *Esc-Taste*.
- Bringen Sie nach dieser Vorgehensweise die Interaktion für alle weiteren Begriffe an.

3 Der Rücksprung ins Inhaltsverzeichnis soll durch Anklicken eines Buttons möglich sein:
- Gehen Sie zur Folie, auf der Sie den Button platzieren möchten.
- Suchen Sie sich in der Symbolleiste mit den Zeichen-Werkzeugen einen Linkspfeil A aus.

- Ziehen Sie den Pfeil mit gedrückter linker Maustaste in der gewünschten Größe auf.
- Platzieren Sie den Pfeil an der gewünschten Stelle.
- Bringen Sie wie unter 2 für Textfelder beschrieben eine Interaktion zur Folie mit dem Inhaltsverzeichnis an.

4 Speichern Sie Ihre Präsentation ab.

Folienreihenfolge

Vermutlich werden Sie die Reihenfolge, in der Sie Ihre Folien zeigen möchten, mehrere Male ändern. Hierzu bietet Ihnen Impress eine praktische *Foliensortierung*.

1 Um die Foliensortierung einzublenden, klicken Sie im Arbeitsbereich auf den Reiter *Foliensortierung*.

2 Ändern Sie die Reihenfolge der Folien, indem Sie die Folie

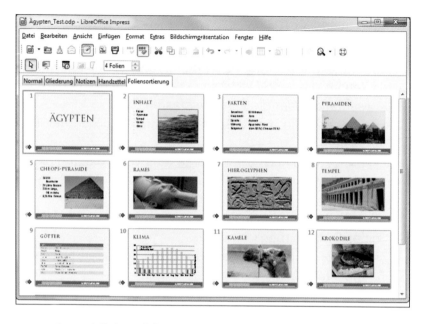

mit gedrückter Maustaste an die gewünschte Stelle ziehen.

3 Durch einen Rechtsklick auf eine Folie und Auswahl von *Folie ausblenden* erreichen Sie, dass die Folie ausgeblendet wird, ohne dass Sie sie löschen müssen. Dies ist dann sinnvoll, wenn Sie eine Präsentation mehrfach benötigen und unterschiedlich zusammenstellen wollen.

Präsentation testen

Bevor es „ernst" wird sollten Sie Ihre Präsentation in Ruhe testen. Die beste Lösung ist es, wenn Sie zur Präsentation Ihr eigenes Laptop oder Notebook mitnehmen können. In diesem Fall schließen Sie Ihren Computer wie auf Seite 153 beschrieben an den Beamer an und können loslegen.

Steht kein eigenes Laptop zur Verfügung oder ist die Mitnahme zu umständlich, muss auf die im Vortragsraum vorhandene Hard- und Software zurückgegriffen werden. Ihre Präsentation bringen Sie dann auf einem USB-Stick oder einer externen Festplatte mit.

Testen Sie die Präsentation unbedingt! Probleme ergeben sich, wenn

- eine verwendete Schrift nicht vorhanden ist (siehe hierzu Punkt 2 auf der nächsten Seite),
- das Betriebssystem die verwendeten Videos oder Sounds nicht abspielen kann,
- Impress nicht oder nur in einer älteren Version vorhanden ist, die nicht alle Features unterstützt.

Präsentationsansicht

Wenn Sie einen zweiten Bildschirm oder Beamer an Ihren Rechner anschließen, dann können Sie in Impress einstellen, dass auf Ihrem Computer Zusatzinformationen zu sehen sind, die für Ihre Zuschauer (auf dem Beamer) nicht sichtbar sind.

1   Wählen Sie Menü *Bildschirmpräsentation > Bildschirm-präsentationseinstellungen...* Wählen Sie unter Präsentationsbildschirm, ob Sie Bildschirm 1 oder 2 als Präsentationsbildschirm nutzen.

2   Starten Sie nun Ihre Präsentation.

3   Sie sehen auf einem der Monitore die Präsentation und auf dem anderen das rechts gezeigte Vorschaufenster, das folgende Informationen zeigt:

- Aktuelle Folie und nächste Folie
- Uhrzeit und bisherige Dauer der Präsentation
- Wenn die Anzeige auf Bildschirm und Beamer vertauscht ist, können Sie dies durch Anklicken des Symbols A ändern.

Präsentieren ohne Impress

Möglicherweise steht Ihnen für die Präsentation kein Rechner mit der aktuellen Impress-Version zur Verfügung. Leider bietet Impress im Gegensatz zu PowerPoint keine Möglichkeit, die Präsentation so zu „verpacken", dass Impress zum Abspielen nicht mehr erforderlich ist. Folgende Möglichkeiten haben Sie, wenn auf dem Präsentationsrechner Impress *nicht* installiert ist:

1 Sowohl für OpenOffice als auch für LibreOffice gibt es eine *portable Version*, die sich auf einem USB-Stick oder auf einer externen Festplatte installieren lässt. Geben Sie die *OpenOffice* bzw. *LibreOffice* und *portable* in Google ein, um zum Download zu gelangen.

2 Da Impress keine Schriften einbinden kann, müssen die verwendeten Schriften auf dem Präsentationsrechner installiert sein. Wenn Sie keine Gelegenheit haben, dies im Vorfeld zu testen, empfehlen wir, die Präsentation (für den Notfall) als PDF zu speichern, da dieses Format Schriften integriert. Beachten Sie aber, dass Sie im PDF auf Animationen, Interaktion, Sound und Video verzichten müssen.
   - Wählen Sie Menü *Datei > Exportieren als PDF.*
   - Setzen Sie das Häkchen bei *Schriftarten einbetten* A.

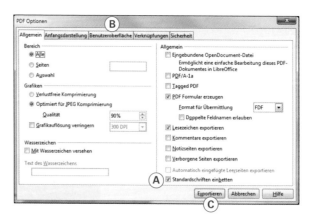

- Klicken Sie auf *Benutzeroberfläche* B und setzen Sie das Häkchen bei *Im Vollbildmodus öffnen.*
- Klicken Sie abschließend auf den Button *Exportieren* C.

Handout

Oft besteht der Wunsch, dem Publikum die Präsentation als *Handout* in gedruckter Form mit nach Hause zu geben. Impress stellt hierfür zwei Möglichkeiten bereit:

1 Klicken Sie im Arbeitsbereich auf *Handzettel.*
  - Wählen Sie rechts das gewünschte Layout aus.
  - Die Vorschau der Handzettel können Sie nun mit Hilfe der Werkzeuge aus der Zeichnen-Symbolleiste beliebig verändern, z. B. um Schreiblinien oder Text zu ergänzen.
  - Um die Textfelder für Kopfzeile, Fußzeile, Seitenzahl oder Datum zu aktivieren, klicken Sie im Menü *Ansicht > Kopf- und Fußzeile* auf den Reiter *Notizblätter und Handzettel* und nehmen dort die gewünschten Einstellungen vor.

2 Wählen Sie Menü *Datei > Drucken.*
  - Suchen Sie den gewünschten Drucker A aus.
  - Wählen Sie bei *Dokument* die Option *Handzettel* B aus.
  - Drucken Sie die Handzettel aus.

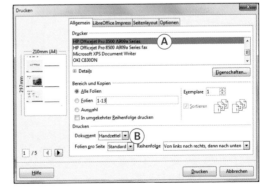

GIMP

Einführung

GIMP, GNU Image Manipulation Program, ist das bekannteste und professionellste Open-Source-Bildverarbeitungsprogramm. Sie können damit an Bildern und Pixelgrafiken alle für Ihre Präsentation notwendigen Bearbeitungen durchführen.

Wir werden zunächst den Arbeitsbereich von GIMP vorstellen und dann eine Reihe typischer Techniken der Bildbearbeitung anwenden. Wenn Sie mit einem anderen Bildverarbeitungsprogramm, z. B. Adobe Photoshop oder Photoshop Elements, arbeiten, ist der Transfer von GIMP zu Ihrer Software einfach, da die grundsätzliche Vorgehensweise der Bildbearbeitung, wie wir Sie hier beschreiben, in allen Programmen ähnlich ist.

Bildbearbeitung

GIMP bietet alle Möglichkeiten der professionellen RGB-Bildbearbeitung. Auf den folgenden Seiten werden wir Ihnen die wichtigsten Techniken zur Bearbeitung von Bildern für deren Einsatz in einer Präsentation vorstellen.

Bild öffnen...

Sie öffnen eine Bilddatei über Menü *Datei > Öffnen....* Unabhängig von der Bildgröße oder der Auflösung zeigt das Bildfenster immer das ganze Motiv. In der Titelleiste wird der Dateiname, der Farbmodus und das Pixelmaß in Breite und Höhe angezeigt.

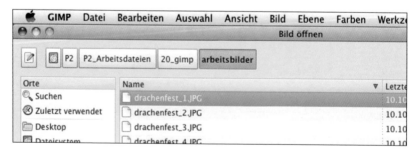

Farb- und Tonwertkorrektur

Als ersten Schritt bei der Bildbearbeitung kontrollieren Sie immer den Farb- und Tonwertumfang eines Bildes.

1 Öffnen Sie unter Menü *Farben > Werte...* das Dialogfeld *Farbwerte*. Das Histogramm zeigt Ihnen die statistische Verteilung der Farb- und Tonwerte im Bild. Links befinden die dunklen Werte, rechts sind die hellen Werte.

2 Falls, wie in unserem Beispiel, der Tonwertumfang nicht den ganzen Bereich umfasst, dann schieben Sie mit der Maus die beiden äußeren Regler A und B jeweils bis zum Beginn der Farb- und Tonwertverteilung. Die Werte werden gespreizt und damit die Helligkeit und der Kontrast des Bildes optimiert.

3 Wenn Sie mit dem Ergebnis zufrieden sind, dann bestätigen Sie die Korrektur mit OK C.

vor der Bearbeitung

nach der Bearbeitung

Gradationskorrektur

Nach der Farb- und Tonwertanpassung optimieren Sie im zweiten Schritt die Verteilung der Farb- und Tonwerte im Bild. Die Farb- und Tonwertverteilung eines Bildes zwischen den hellen und den dunklen Bildbereichen nennt man Gradation. Sie wird in allen Scan- und Bildbearbeitungsprogrammen als Gradationskurve dargestellt.

Sie können mit gedrückter Maustaste B den Verlauf der Gradationskurve verändern. Eine Verschiebung nach oben hellt das Bild auf, die entgegengesetzte Bewegung verdunkelt das Bild. Durch einen Mausklick auf die Gradationskurve setzten Sie sogenannte Stützpunkte A. Die Stützpunkte behalten ihre Position beim Bearbeiten der Kurve.

1 Wählen Sie mit Menü *Farben > Kurven...* das Dialogfeld Kurven aus. Die Gradationskurve verläuft vor der Korrektur geradlinig.

2 Setzen Sie den Stützpunkt A.

3 Ziehen Sie mit gedrückter Maustaste B die Kurve in die gewünschte Richtung.

4 Bestätigen Sie die Korrektur mit OK C.

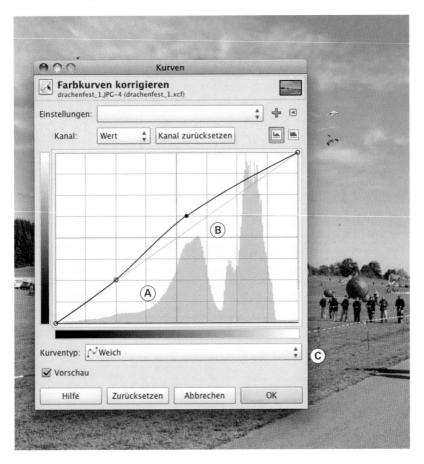

vor der Bearbeitung

nach der Bearbeitung

Bild skalieren

Zum Skalieren eines Bildes rufen Sie mit Menü *Bild > Bild ska-lieren* das Dialogfeld auf. Sie können dort die neue Bildgröße und Bildauflösung eingeben. Als Auflösung wählen Sie 200 Pixel/in A. Durch Anklicken des Kettensymbols B legen Sie eine gleichmäßige proportionale oder eine ungleichmäßige Skalierung fest. Die kubische Interpolation C führt bei der Bildberechnung zu den besten Ergebnissen. Wenn Sie flächige Grafiken skalieren, dann müssen Sie austesten, ob linear oder kubisch zu einem besseren Ergebnis führt. Da digitale Bilder sich aus Pixeln zusammensetzen und es nur ganze Pixel gibt wird die Angabe der Breite D und Höhe E des Bildes meist ein ungerades Längenmaß anzeigen.

Bildausschnitt rechtwinklig freistellen

Häufig brauchen wir nicht das gesamte Bildmotiv, sondern nur einen Bildausschnitt. Der Fachbegriff dafür, nicht benötigte Bildbereiche zu entfernen, ist freistellen. Am einfachsten lässt sich das mit dem Zuschneiden-Werkzeug erreichen.

1   Wählen Sie durch Mausklick auf das Zuschneiden-Werkzeug A in der Werkzeugpalette aus.

2 Legen Sie mit gedrückter Maustaste den gewünschten Bildausschnitt B fest. Im Dialogfenster Werkzeugeinstellungen können Sie die Eingabe noch modifizieren. Beachten Sie bei Vergrößerungen C, dass die Pixelanzahl noch ausreicht.

3 Mit einem Doppelklick ins Auswahlfenster D stellen Sie den Bildausschnitt frei.

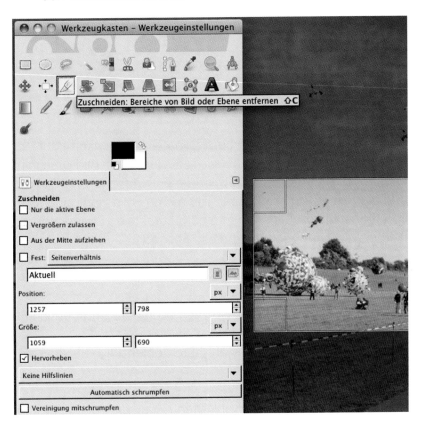

Bildausschnitt figürlich freistellen

Figürlich freigestellte Bilder werden häufig als Blickfang und zur Orientierung des Betrachters auf Präsentationsfolien verwendet. Die Erstellung ist aufwändiger als die einfache rechtwinklige Freistellung. Mit etwas Übung sind aber auch figürliche Freisteller schnell erstellt und das Ergebnis lohnt den Mehraufwand.

weniger gelungen   *gelungen*

Bewertung

Bei der linken Folie wurde durch eine Gradationskorrektur der Farb- und Tonwertumfang linear reduziert. Das Bild erscheint dadurch abgesoftet. Trotzdem ist die Foliendarstellung unruhig und die Schrift schlecht lesbar. Die rechte Folie zeigt eine figürliche Freistellung. Sie steht in einem attraktiven Spannungsverhältnis zur Schrift, dominiert diese aber nicht.

1   Wählen Sie im Werkzeugkasten das Lasso-Werkzeug aus.

2   Klicken Sie mit dem Lasso-Werkzeug der Kontur entlang.

3   Schließen Sie die Auswahl durch einen Klick auf den Anfangspunkt.

4   Speichern Sie die Auswahl. Menü *Auswahl > In Kanal speichern*.

5   Benennen Sie den Kanal mit Rechtsklick auf den Kanal in der *Kanal-Palette > Kanaleigenschaften* (unser Beispielname: *MeineAuswahl*).

6　Stellen Sie die Auswahl zunächst rechtwinklig frei unter Menü *Ebene > Auf Auswahl zuschneiden.*

7　Blenden sie die Ebenen-Palette ein mit Menü *Fenster > Andockbare Dialoge > Ebenen.*

8　Erstellen Sie eine Ebenenmaske unter Menü *Ebene > Maske > Ebenenmaske hinzufügen...* Der Hintergrund wird automatisch transparent.

vor der Freistellung

nach der Freistellung

9 Exportieren Sie das Bild als PNG-Datei. Gehen Sie dazu unter Menü *Datei > Exportieren… > Dateityp: Nach Endung > PNG-Bild*. Im Dialogfeld *Bild exportieren als PNG* lassen Sie die Standardeinstellungen und Klicken auf *Exportieren*.

Bild scharfzeichnen

GIMP bietet unter Menü *Filter > Verbessern* verschiedene Scharfzeichnungsfilter an. Der Filter *Unscharf maskieren…* bietet gute Einstellungsmöglichkeiten zur gezielten Schärfung des Bildes.

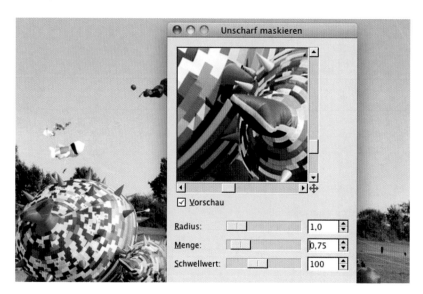

- *Vorschau*
  Die Vorschau zeigt Ihnen die Wirkung des Filters in einem Ausschnitt. Mit dem Verschiebewerkzeug oder den Scrollbalken können Sie den Ausschnitt der Vorschau verschieben.
- *Radius*
  Der Radius gibt an, wie viele Pixel zusammen wirken.
- *Menge*
  Die Menge beschreibt die Wirkung des Filters. Je höher der eingestellte Wert, desto stärker ist die Scharfzeichnung.

- *Schwellwert*
  Der Schwellwert bestimmt, wie groß die Ton- bzw. Farbwert-
  differenz sein muss, bevor der Filter wirkt. Mit einem höheren Schwellwert verhindern Sie das Scharfzeichnen ähnlicher
  Pixel in einer Fläche.
Die konkreten Einstellungen des Unscharf-Maskieren-Filters
für Ihr Bild müssen Sie austesten.

Bild weichzeichnen

Zum Weichzeichnen des Bildes finden Sie unter Menü *Filter*
> *Weichzeichnen* eine große Auswahl an unterschiedlichen
Weichzeichnungsfiltern. Beim Filter *Gaußscher Weichzeich-
ner…* kann der Schärfebereich eingestellt werden.

- *Vorschau*
  Die Vorschau zeigt Ihnen die Wirkung des Filters in einem
  Ausschnitt. Mit dem Verschiebewerkzeug oder den Scrollbal-
  ken können Sie den Ausschnitt der Vorschau verschieben.
- *Weichzeichnerradius*
  Der Radius gibt an, wie viele Pixel zusammen wirken. Je hö-
  her der eingestellte Radius, desto unschärfer wird das Bild.

Bild retuschieren

Quer über das Bild zieht sich eine Hochspannungsleitung, im Vordergrund steht ein Papierkorb … in vielen Bildern gibt es Bereiche, die stören. Das wichtigste Retuschewerkzeug in GIMP ist der Stempel. Mit ihm können Sie einfach unerwünschte Bildteile wegretuschieren oder andere Bildteile duplizieren. Der Stempel kopiert dazu ausgewählte Bildteile an eine neue Position.

Wählen Sie im Werkzeugkasten das Stempel-Werkzeug A aus. In den Werkzeugeinstellungen B können Sie die Größe und Wirkstärke des Werkzeugs einstellen. Die Wirkung der verschiedenen Optionen müssen Sie bei Ihrer Arbeit austesten.

1   Für die Retusche müssen Sie zur Auswahl des Quellbereichs C mit dem Stempel-Werkzeug bei gedrückter Strg-Taste (WIN) oder cmd-Taste (MacOS) die Quellposition anklicken.

2   Gehen Sie dann mit dem Stempel auf die Zielposition D. Drücken Sie dort die linke Maustaste und bewegen Sie den Stempel über die zu retuschierende Bildstelle. Durch Loslassen der Maustaste und erneutes Drücken können Sie die Retusche schrittweise durchführen.

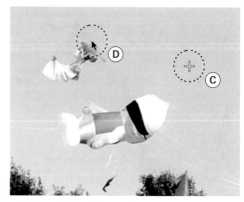

vor der Retusche   *während der Retusche*

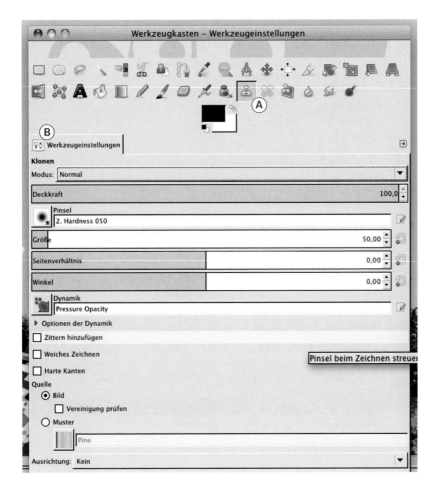

Leinwandgröße ändern

Die Leinwandgröße entspricht der Größe der Bildfläche. Wenn
Sie nun das Bild drehen möchten weil z. B. der Horizont im
Bildmotiv leicht schräg verläuft, dann brauchen Sie dazu mehr
Platz. Unter Menü *Bild > Leinwandgröße…* öffnen Sie das Dialogfenster *Leinwandgröße festlegen*. Mit den Einstellungen bei
der Leinwandgröße A in Breite und Höhe legen Sie die neu-
en Maße fest. Die Einstellungen bei Versatz B geben an, auf
welcher Seite des Bildes die Arbeitsfläche vergrößert wird. Ein
Klick auf *Zentrieren* C zentriert das Motiv in der Arbeitsfläche.

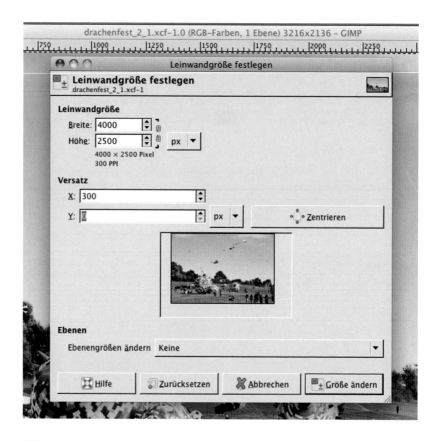

Bild transformieren

Die Einstellungen zur Transformation eines Bildes oder eines ausgewählten Bildteils finden Sie unter Menü *Werkzeuge > Transformationen*. Wenn Sie Ihre Option gewählt haben, dann öffnet sich ein Dialogfenster zur Eingabe der konkreten Transformationsdaten.

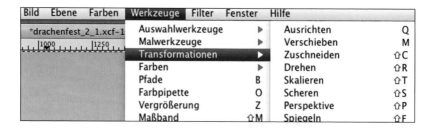

Farben bearbeiten

Farbstichausgleich, Einfärben oder Umfärben sind in GIMP einfach zu machen. Unter dem Menü *Farben* finden Sie eine ganze Reihe von Möglichkeiten. Die mächtigste Option ist Menü *Farben > Farbton/Sättigung...* Der Button *Alle* A im Zentrum des Farbwählers lässt die Einstellungen auf alle Farben des Bildes wirken. Sie können bei *Farbton/Sättigung* auch eine der sechs Primärfarben B auswählen und damit nur diesen Farbbereich verändern. Falls Sie nur einen exakten Bildbereich bearbeiten wollen, dann müssen Sie diesen vorher mit einem Auswahlwerkzeug auswählen. Die Einstellungen im Dialog-Fenster wirken dann nur im ausgewählten Bildbereich.

- *Farbton*
  Sie bewegen den Farbort bei gleichem Radius im Farbkreis.
- *Helligkeit*
  Sie bewegen den Farbort im Farbraum nach oben, um die Farbe aufzuhellen, und nach unten, um die Farbe abzudunkeln.
- *Sättigung*
  Sie bewegen den Farbort im Farbraum nach innen, um die Sättigung der Farbe zu verringern, und nach außen, um die Sättigung der Farbe zu erhöhen.

In unserem Beispielbild auf der nächsten Seite ist Rot B ausgewählt und der Farbtonregler C ist auf Blau verschoben. Dadurch werden alle Rottöne im Bild Blau D eingefärbt.

Zur Umwandlung eines Farbbildes in ein Graustufenbild ziehen Sie den Sättigungsregler E ganz nach links

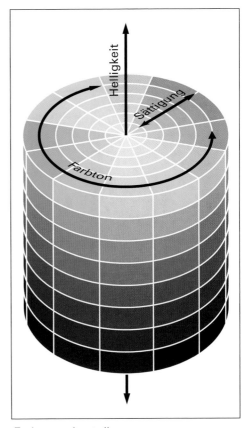

Farbraumdarstellung

und regeln zusätzlich mit dem Helligkeitsregler F die Bildhel-
ligkeit. Abschließend optimieren Sie die Bilddarstellung durch
Modifikation der Tonwert- und Gradationskorrektur sowie der
Bildschärfe.

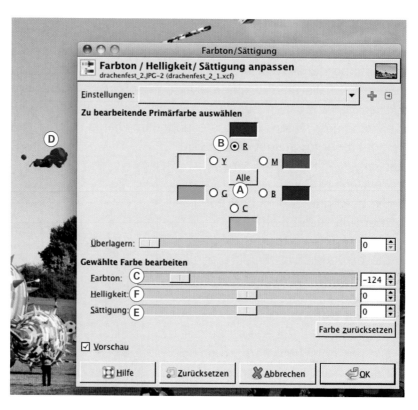

Umgefärbt nach Blau

Umwandlung in Graustufen

Bild speichern oder exportieren

Zum Speichern gehen Sie auf Menü *Datei > Speichern* oder
Menü *Datei > Speichern unter…* Bilder werden in GIMP immer
im xcf-Format (experimental computing facility) gespeichert,
dem nativen Dateiformat von GIMP. Solange Sie in GIMP arbeiten und nur Zwischenergebnisse abspeichern, sollten Sie
im xcf-Format speichern. Wenn Sie dann Ihre Bilddatei für den
Import in PowerPoint, Impress oder einer anderen Software
abspeichern möchten, müssen Sie das Dateiformat wechseln.
Gehen Sie dazu unter Menü *Datei > Exportieren… > Dateityp: Nach Endung* und wählen das gewünschte Dateiformat
aus. Für den Import in ein Präsentationsprogramm empfehlen
wir das PNG-Format (Portable Network Graphics). Vorteile von
PNG gegenüber dem JPG-Format sind die verlustfreie Komprimierung und die Speicherung von Transparenzen.

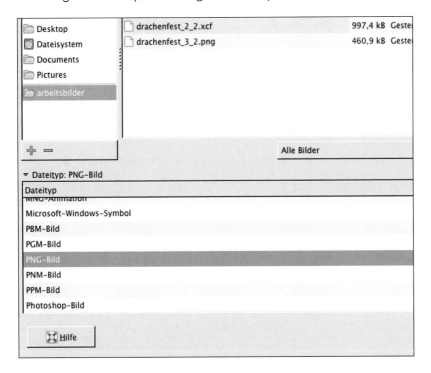

PDF

Einführung

Austauschformat

PDF (Portable Document Format) ermöglicht Ihnen die Nutzung einer Präsentation, ohne dass die Software, mit der Sie die Präsentation erstellt haben, erforderlich ist. Man spricht deshalb von einem *Austauschformat*. PDF-Dateien können

- unabhängig vom Betriebssystem (Windows, Mac OS, Linux, Android),
- auf allen Endgeräten (Desktop-PCs, Laptops, Tablets und Smartphones),
- mit Hilfe eines *Readers* oder mit einem Webbrowser betrachtet werden.

Damit diese universelle Verwendung möglich wird, müssen alle Bestandteile des Dokumentes, also Layout, Texte, Bilder, Schriften und Farben, in der PDF-Datei gespeichert werden.

Vor- und Nachteile

Der wesentliche Vorteil von PDF-Dateien ist, dass dieses Dateiformat auf allen Rechnern identisch dargestellt werden kann, selbst dann, wenn auf diesem Rechner beispielsweise die verwendeten Schriften nicht vorhanden sind.

Wie Sie der Tabelle entnehmen können, hat eine PDF-Datei aber auch einige Nachteile:

- PDF-Dateien können entweder gar nicht oder, z.B. mit Office 2013, Libre Office Draw oder Adobe Acrobat, nur eingeschränkt direkt geändert werden. Besser ist es, die Originaldatei zu bearbeiten und danach ein neues PDF zu schreiben.
- In „normalen" PDF-Dateien funktionieren zwar Links, auf Animationen, Sounds und Videos müssen Sie jedoch verzichten. Diese Multimedia-Elemente funktionieren nur mit sogenannten *interaktiven* PDFs, die sich aber aus PowerPoint oder Impress nicht generieren lassen. Dies ist schade, weil hierdurch PDF-Dateien zu einem vollwertigen Ersatz von PowerPoint oder Impress würden.

Funktion	PDF	PowerPoint	Impress
Dateiendung	.pdf	.pptx	.odp
Austauschformat	ja	nein	nein
Datei kann bearbeitet werden	nein[*]	ja	ja
Schriften werden eingebunden	ja	teils	nein
Bilder/Grafiken werden eingebunden	ja	ja	ja
Animationen sind möglich	nein	ja	ja
Hyperlinks sind möglich	ja	ja	ja
Audio- und Videodateien sind möglich	nein	ja	ja
Datei kann im Browser geöffnet werden	ja	nein	nein

*) mit spezieller Software eingeschränkt möglich

Wenn Sie also in Ihrer Präsentation auf multimediale Elemete verzichten können, dann ist PDF eine gute Wahl. In jedem Fall ist es sinnvoll, dass Sie Ihre Präsentation *zur Sicherheit* auch als PDF-Datei speichern. Falls das Original aus irgendeinem Grund nicht richtig funktioniert, können Sie immer noch auf Ihr PDF zurückgreifen.

PDF erstellen

PDF aus PowerPoint

1 Öffnen Sie PowerPoint-Datei.

2 Wählen Sie Menü *Datei > Speichern und senden...* und danach die Schaltfläche *PDF/XPS-Dokument erstellen*.

3 Geben Sie nun den gewünschten Dateinamen ein.

4 Klicken Sie auf *Optionen* A: Das Häkchen *Text als Bitmap*

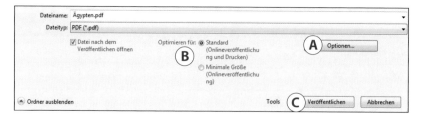

speichern… sollte gesetzt sein, damit Schriften, die z. B. aus lizenzrechtlichen Gründen nicht eingebettet werden können, im PDF als Grafik eingefügt werden. Bestätigen Sie mit OK.

5 Die Dateigröße der PDF-Datei können Sie unter B beeinflussen. Wenn Sie Ihre PDF-Datei beispielsweise ins Internet stellen oder für Smartphones verfügbar machen wollen, ist es sinnvoll, die Option *Minimale Dateigröße* zu wählen. Sie nehmen damit allerdings eine geringere Bildqualität in kauf.

6 Klicken Sie auf den Button *Veröffentlichen* C, um die PDF-Datei erstellen zu lassen.

PDF aus Impress

1 Öffnen Sie eine Impress-Datei.

2 Wählen Sie Menü *Datei > Exportieren als PDF…*

3 Im Vergleich zu PowerPoint haben Sie bei Impress wesentlich mehr Möglichkeiten, im PDF gewünschte Einstellungen vorzunehmen:

- Die *Bildqualität* A ist maßgeblich für Dateigröße der PDF-Datei. Wenn Sie Ihre PDF-Datei beispielsweise ins Internet stellen oder für Smartphones verfügbar machen wollen, ist es sinnvoll, die Auflösung auf beispielsweise 150 dpi zu verringern.

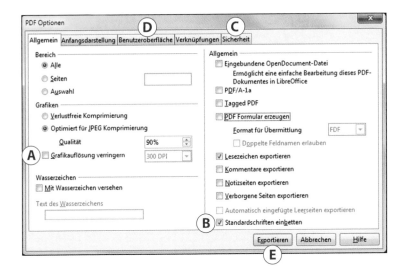

- Das Häkchen B sollte gesetzt sein, damit die Schriften in die PDF-Datei eingebunden werden.
- Unter *Sicherheit* C können Sie Ihr PDF mit einem Passwort versehen. Dies ist sinnvoll, wenn Sie die Präsentation über das Internet einem bestimmten Personenkreis (dem Sie das Passwort mitteilen) zur Verfügung stellen.
- Unter *Benutzeroberfläche* D können Sie einstellen, dass die Datei gleich im *Vollbildmodus* geöffnet wird. (Diese Option steht Ihnen alternativ auch im Adobe Reader zur Verfügung – siehe nächster Abschnitt.)

4 Klicken Sie auf den Button *Exportieren* E, um die PDF-Datei erstellen zu lassen.

PDF anzeigen

Adobe Reader

Zur Anzeige von PDF-Dateien muss ein sogenannter *Reader* installiert sein. Die größte Verbreitung hat der kostenlose Adobe Reader (siehe auch Kapitel *Adobe Reader* auf Seite 190).

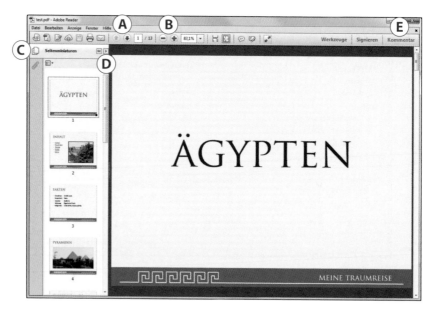

1 Starten Sie den Adobe Reader durch Doppelklick auf das Programm-Symbol.

2 Öffnen Sie die PDF-Datei Ihrer Präsentation. Die Bedienung des „Readers" ist denkbar einfach – hier eine Zusammenfassung der wichtigsten Funktionen:

- Vor- und Zurückblättern im Dokument A, noch einfacher ist die Benutzung der *Pfeil-Tasten* Ihrer Tastatur.
- Vergrößern/Verkleinern der Ansicht B. Im Menü *Anzeige > Zoom > Auf Seitenebene zoomen* können Sie einstellen, dass die Darstellung in das Fenster optimal eingepasst wird.
- Entsprechend dem Folienbereich bei PowerPoint bzw. Impress können Sie *Seitenminiaturen* anzeigen. Blenden Sie diese durch Anklicken des Symbols C ein. Um einen Überblick über alle Seiten zu erhalten, klicken Sie auf den kleinen Rechtspfeil D.

3 Um die Datei für eine Präsentation zu nutzen, wählen Sie

Menü *Anzeige > Vollbildmodus*. Benutzen Sie die Pfeilta-
sten Ihrer Tastatur, um in der Präsentation zu vor- oder zu-
rückzublättern. Besser ist die Verwendung eines Presenters (siehe Seite 155). Den Vollbildmodus
können Sie jederzeit durch Drücken der
ESC-Taste wieder beenden.

4 Wenn mehrere Personen an einer Datei
arbeiten, dann sind die Kommentar-Funk-
tionen E eine nützliche Hilfe. Sie gestatten
es, Anmerkungen und Korrekturen direkt
im PDF zu notieren und zu speichern. Bitte bedenken Sie, dass PDF ein geschlos-
senes Format ist, das nicht direkt bearbeitet werden kann.
Deshalb können Sie zwar zusätzliche Kommentare anbringen, nicht aber den eigentlichen Text ändern.

Webbrowser

Damit PDF-Dateien in Browsern, z. B. Mozilla Firefox, Google
Chrome oder Internet Explorer, betrachtet werden können, wird
die hierfür notwendige Browsererweiterung bei der Installation
des Adobe Readers mitinstalliert.

1 Starten Sie einen Webbrowser durch Doppelklick auf das
Programmsymbol.

2 Öffnen Sie eine PDF-Datei im Menü *Firefox > Neuer Tab
> Datei öffnen* (Mozilla Firefox) bzw. *Datei > Öffnen...* (In-
ternet Explorer). Bei Google Chrome ziehen Sie die PDF-
Datei einfach mit gedrückter Maustaste auf das geöffnete
Browserfenster.

3 Alle genannten Browser besitzen einen Vollbildmodus.
Drücken Sie hierzu die *Taste F11*. Mit derselben Taste können Sie diesen Modus auch wieder beenden.

FreeMind

Einführung

Bevor wir eine Anleitung zur Arbeit mit der Software FreeMind geben, möchten wir Ihnen die Grundlagen von Mindmapping kurz vorstellen.

Mindmap wurde von dem amerikanischen Psychologen Tony Buzan entwickelt. Es hat sich schnell weltweit als Visualisierungstechnik und Werkzeug zur Ideenfindung und Strukturierung eines Themengebiets etabliert. Auf dem Markt gibt es mehrere Programme zur Erstellung von Mindmaps am Computer. Wir haben uns für FreeMind entschieden. Ein weitverbreitetes und einfach zu erlernendes Open-Source-Programm. Freemind ist in Java programmiert und läuft unter den Betriebssystemen Windows, MacOS und Linux.

Beim Mindmapping erstellen Sie keine lineare hierarchische Struktur eines Themengebiets, sondern ein non-lineares assoziatives System. Eine Mindmap ist ein System, das sich selbst aufbaut und strukturiert. Bei der Erstellung bekommen Sie damit einen zunehmend differenzierten Überblick über das Themengebiet. Sie nutzen dabei die Fähigkeiten beider Gehirnhälften, der logisch analytischen linken Hälfte und der stärker assoziativ kreativ arbeitenden rechten Hälfte.

Erstellung einer Mindmap

Tony Buzan vergleicht Mindmaps mit Stadtplänen. In der Mitte der Mindmap, dem Stadtzentrum, steht das Hauptthema. Die Hauptäste führen wie die Hauptstraßen vom Zentrum weg und entsprechen den Hauptgedanken. Davon zweigen die kleineren Straßen, die Nebenäste ab. Sie repräsentieren die Assoziationen und sekundären Gedanken. Mit Bildern oder Grafiken, den Sehenswürdigkeiten, stellen Sie besondere Gedanken und Inhalte dar.

Mindmaps entstehen immer im Querformat und beginnen in der Mitte. Damit haben Ihre Gedanken Raum sich in alle Richtungen zu entwickeln. Zensieren Sie nicht bei der Arbeit, die Bewertung der Ergebnisse kommt erst in der letzten Arbeits- phase.

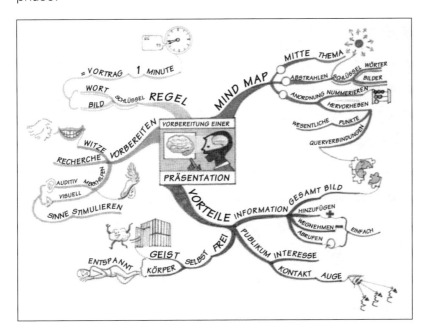

Mindmap zur Vorbereitung einer Präsen- tation (Tony Buzan)

Schritt für Schritt

1   Schreiben Sie das zentrale Thema als ein Wort in die Mitte eines DIN A4- oder DIN A3-Blatts.

2   Finden Sie drei bis fünf Schlüsselbegriffe für die Hauptge- danken. Schreiben Sie diese Schlüsselwörter groß auf die vom Zentrum aus gezeichneten Hauptäste. Erlaubt sind nur alleinstehende Wörter, keine Wortkombinationen oder gar Sätze.

3   Erweitern Sie jeden Hauptast um drei Nebenäste. Finden Sie dafür Schlüsselbegriffe. Assoziieren Sie auf der Basis des Schlüsselbegriffs des jeweiligen Hauptastes.

4 Verfeinern Sie die Mindmap, ergänzen Sie die Struktur durch neue Äste. Die Anzahl der Äste ist nur durch Ihre Phantasie beschränkt. Verwenden Sie Farben, nutzen Sie Bilder und Grafiken.

5 Wenn Sie die Mindmap in der ersten Fassung fertig haben, legen Sie die Reihenfolge der Hauptäste fest. Vergeben Sie einfach Nummern nach der Abfolge in Ihrer Präsentation. Heben Sie besondere Punkte farblich hervor. Mit zunehmender Erfahrung entwickeln Sie automatisch ein Farbschema mit Farbcodes.

Ihr erstes Mindmap haben Sie auf Papier erstellt. Gut so, Sie haben Ihren Gedanken freien Lauf gelassen ohne auf die Bedienung der Software zu achten. Wenn Sie mit Mindmapping etwas fortgeschrittener sind, dann lohnt sich der Umstieg auf die Software. Sie können Äste einfach verschieben und umformatieren. Sie können die Mindmap als PDF oder als HTML exportieren und z. B. per Mail verschicken. Sie können die Mindmap auf einer Folie platzieren und sie wird so einfach Teil Ihrer Präsentation. Achten Sie dabei aber darauf nicht zu detailliert zu werden damit das Publikum die Begriffe lesen und die Struktur der Mindmap auch erfassen kann.

Mindmapping mit FreeMind

Wir gehen bei der Erstellung einer Mindmap mit FreeMind grundsätzlich genauso vor wie beim Mindmapping auf Papier. Ausgehend vom Hauptthema legen wir die Hauptäste mit den Schlüsselwörtern an. Anschließend werden die Nebenäste für jeden Hauptast erstellt. Der letzte Schritt der Bearbeitung bildet die Gestaltung und Formatierung der Mindmap.

Freemind-Dateien werden mit der Dateiendung *.mm* gespeichert. Andere Dateiformate wählen Sie über die Exportfunktion Menü *Datei > Export*.

Neue Mindmap

Eine neue Mindmap legen Sie unter Menü *Datei > Neu* an. In der Mitte der neuen Mindmap befindet sich automatisch der Wurzelknoten A. Mit dem Text *Neue Mindmap*. Als erstes müssen Sie deshalb den Text durch Ihr *Hauptthema* ersetzen. Klicken Sie dazu mit der rechten Maustaste auf den Wurzelknoten und wählen im Kontextmenü *Knoten mit einem separaten Editor bearbeiten…*

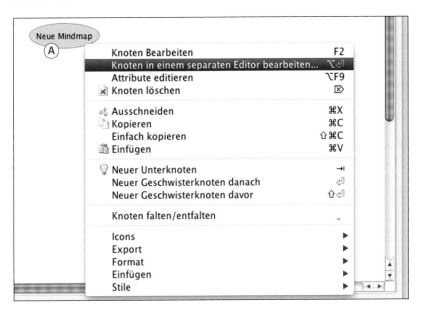

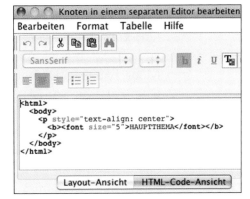

Hauptäste anlegen

FreeMind unterscheidet nicht nach Hauptästen oder Nebenäste, sondern nennt alle Verzweigungen Knoten.

1 Klicken Sie auf den Wurzelknoten und wählen im Kontextmenü die Option *Neuer Unterknoten*.

2 Klicken Sie auf den neuen Unterknoten mit der rechten Maustaste. Wählen Sie im Kontextmenü *Knoten mit separatem Editor bearbeiten...* Geben Sie das Schlüsselwort für diesen Hauptast in den Editor ein.

3 Erstellen Sie die übrigen Hauptäste.

Knotenebene mit Nebenästen anlegen

Die zu einem Hauptast gehörenden Nebenäste können Sie einzeln erstellen oder in einer Knotenebene zusammenfassen.

1 Legen Sie den ersten Nebenast mit Kontextmenü *Neuer Unterknoten* als neuen Unterknoten an.

2 Um eine Knotenebene zu erstellen wählen Sie für die weiteren Nebenäste die Option *Neuer Geschwisterknoten danach* oder *Neuer Geschwisterknoten davor*.

Eine so erstellte Knotenebene können Sie mit der Menüoption *Knoten falten/entfalten* einblenden oder ausblenden. Dies ist gerade bei großen komplexen Mindmaps ein einfache Möglichkeit die Übersicht zu behalten. So können Sie z. B. die Grundstruktur der Mindmap einblenden und die Unterstruktur eines oder mehrerer Hauptäste ausblenden A.

Wir haben als Beispiel eine einfache Mindmap zum Thema Bildbearbeitung erstellt. In der Mitte im Wurzelknoten steht das Hauptthema Bildbearbeitung. Die fünf Hauptäste stehen für die fünf wesentlichen Bereiche. In den Nebenästen erfolgt in zwei Ebenen die Differenzierung in die einzelnen Funktionen und Zielsetzungen.

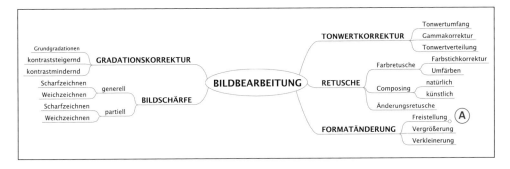

Mindmap speichern

Speichern Sie die Datei unter Menü *Datei > Speichern* oder *Datei > Speichern unter...*

Knoten und Äste verschieben

Zum Verschieben einzelner Äste bzw. Knoten be-wegen Sie den Cursor direkt vor einen Eintrag. Es erscheint ein Oval B und Sie können den Ast mitsamt den Verzweigungen mit gedrückter linker Maustaste verschieben.

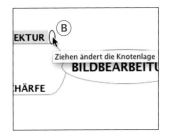

Ein Doppelklick in das Oval setzt den Ast auf seine Standardposition zurück.

Mindmap gestalten

Die Struktur unsere Mindmap ist soweit in Ordnung. Kümmern wir uns jetzt um die Gestaltung. FreeMind bietet im Menü *Formate* ein Vielzahl an Optionen zur farblichen und ergänzenden inhaltlichen Gestaltung einer Mindmap. Mit der Option Menü *Format > Automatisches Layout* erhalten Sie eine erste opti-sche Gliederung. Die Linien und die Schrift der Schlüsselbe-griffe werden für jede Ebene variiert. Neu eingefügte Knoten übernehmen automatisch das Layout. Erst wenn Sie im Menü *Format* die Option *Automatisches Layout* wieder ausschalten, können Sie einzelne Elemente im Mindmap wieder individuell gestalten.

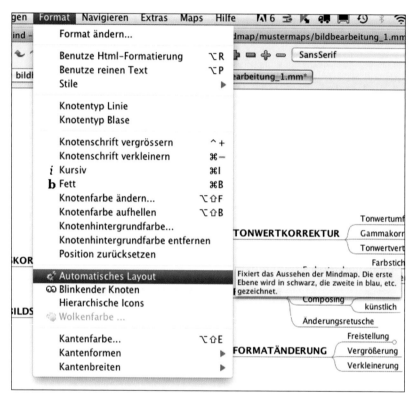

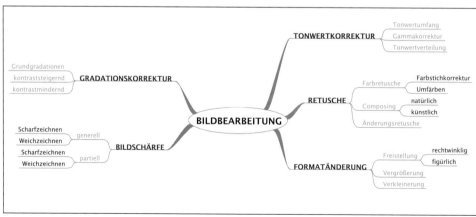

Externe Elemente einfügen

Sie können Ihre Mindmap durch das Einfügen von Bildern oder Grafiken ergänzen oder auch auf eine externe Internetseite verlinken. Gehen Sie dazu auf Menü *Einfügen*. In unserem Beispiel haben wir eine Bilddatei A eingefügt. Die Bilddatei wird jedoch nicht in die Mindmap importiert, sondern nur verknüpft. Die verknüpften Dateien müssen ein Webdateiformat wie z. B. PNG haben.

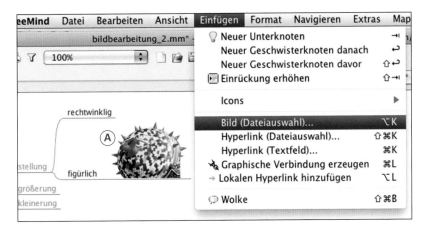

Mindmap exportieren

FreeMind bietet unter Menü *Datei > Export* mehrere Exportformate. Die Option *Zweig als neue MindMap...* macht den ausgewählten Knoten zum neuen Wurzelknoten mit allen damit verbundenen Ästen. Die Formate werden übernommen. Die Wahl des Dateiformats ist vom Importformat Ihrer Präsentationssoftware abhängig.

Anhang

Checklisten

Kommunikation

Präsentation und Zielgruppe	++	+	0	–	– –
Kommunikationsziel klar formuliert	☐	☐	☐	☐	☐
Konzeption zielgruppenorientiert	☐	☐	☐	☐	☐
Zeitplan realistisch	☐	☐	☐	☐	☐
Texte zielgruppengerecht	☐	☐	☐	☐	☐
Medien zielgruppengerecht	☐	☐	☐	☐	☐

Inhalt und Gliederung	++	+	0	–	– –
Thema eindeutig formuliert	☐	☐	☐	☐	☐
Inhalt selbst verstanden	☐	☐	☐	☐	☐
Gliederung sachlogisch	☐	☐	☐	☐	☐
Struktur zielführend	☐	☐	☐	☐	☐

Präsentation und Medien

Präsentation geübt	☐ ja	☐ nein	
Stichwortkärtchen erstellt	☐ ja	☐ nein	
Medien einsatzbereit	☐ ja	☐ nein	
Medien getestet	☐ ja	☐ nein	
Raum bekannt und besichtigt	☐ ja	☐ nein	
Handout erstellt	☐ ja	☐ nein	

Platz für Notizen:

Farbe

Farbauswahl	++	+	0	–	––
Farbwahl zielgruppenorientiert	☐	☐	☐	☐	☐
Farbwahl entspricht Vorgaben	☐	☐	☐	☐	☐
Farbschema schlüssig	☐	☐	☐	☐	☐
Farbwahl mediengerecht	☐	☐	☐	☐	☐
Farbwahl themenbezogen	☐	☐	☐	☐	☐
Farbige Schrift lesbar	☐	☐	☐	☐	☐
Farben erkennbar	☐	☐	☐	☐	☐
Farben unterscheidbar	☐	☐	☐	☐	☐

Technische Parameter

Farbmodus RGB	☐ ja	☐ nein
Farbwerte definiert	☐ ja	☐ nein

Platz für Notizen:

Schrift

Schriftwahl	++	+	0	–	– –
Schrift passt zum Thema	☐	☐	☐	☐	☐
Schrift spricht Zielgruppe an	☐	☐	☐	☐	☐
Schrift für Bildschirm geeignet	☐	☐	☐	☐	☐

Typografie	++	+	0	–	– –
Schriftgröße für Präsentation geeignet	☐	☐	☐	☐	☐
Zeilenabstand max.1,5-fache Schriftgröße	☐	☐	☐	☐	☐
Zeilenlänge max. 50 Zeichen	☐	☐	☐	☐	☐
Fließtext ist linksbündig gesetzt	☐	☐	☐	☐	☐

Text	++	+	0	–	– –
Textmenge ist möglichst gering	☐	☐	☐	☐	☐
Text einheitlich gesetzt	☐	☐	☐	☐	☐
Text verständlich formuliert	☐	☐	☐	☐	☐
Texte und Bilder harmonieren	☐	☐	☐	☐	☐
Rechtschreibung überprüft	☐ ja			☐ nein	

Präsentation	++	+	0	–	– –
Schrift(en) auf Rechner vorhanden	☐ ja			☐ nein	
Schrift(en) werden korrekt dargestellt	☐ ja			☐ nein	
Text ist überall im Raum lesbar	☐	☐	☐	☐	☐

Platz für Notizen:

Bild und Grafik

Visualisierung	++	+	0	–	––
Abbildungen notwendig	☐	☐	☐	☐	☐
Abbildungen aussagekräftig	☐	☐	☐	☐	☐
Abbildungen gut erkennbar	☐	☐	☐	☐	☐
Abbildungen formal gelungen	☐	☐	☐	☐	☐

Technische Parameter	++	+	0	–	––
Farbmodus RGB	☐ ja			☐ nein	
Auflösung mediengerecht	☐ ja			☐ nein	
Dateiformat mediengerecht	☐ ja			☐ nein	
Kontrast ausreichend	☐	☐	☐	☐	☐
Farbstich	☐ ja			☐ nein	
Bildschärfe	☐	☐	☐	☐	☐
Aufwand Bearbeitung gering	☐	☐	☐	☐	☐

Rechtliche Aspekte

Lizenz geklärt	☐ ja	☐ nein
Erlaubnis zur Bearbeitung	☐ ja	☐ nein
Erlaubnis zur Veröffentlichung	☐ ja	☐ nein
Neue eigene Lizenz	☐ ja	☐ nein

Platz für Notizen:

Layout

Gestaltung	++	+	0	–	––
Seitenverhältnis beachtet	☐ ja			☐ nein	
Gestaltungsraster verwendet	☐ ja			☐ nein	
Gestaltung spricht Zielgruppe an	☐	☐	☐	☐	☐
Alle Folien orientieren sich am Raster	☐	☐	☐	☐	☐
Weißraum ist vorhanden	☐	☐	☐	☐	☐
Seitengestaltung ist harmonisch	☐	☐	☐	☐	☐

Leseführung	++	+	0	–	––
Wichtiges steht oben links	☐	☐	☐	☐	☐
Wichtiges groß, Unwichtiges klein	☐	☐	☐	☐	☐
Farbe wird bewusst eingesetzt	☐	☐	☐	☐	☐
Gleichartiges ist gleich gestaltet	☐	☐	☐	☐	☐
Bilder haben Vorrang vor Text	☐	☐	☐	☐	☐

Präsentation	++	+	0	–	––
Raumverdunkelung möglich	☐ ja			☐ nein	
Layout wird komplett dargestellt	☐ ja			☐ nein	
Text ist überall im Raum lesbar	☐	☐	☐	☐	☐
Bilder kommen zur Wirkung	☐	☐	☐	☐	☐
Farben kommen zur Wirkung	☐	☐	☐	☐	☐

Platz für Notizen:

Präsentationsmedium

Allgemein

Beleuchtung getestet	☐ ja	☐ nein
Bestuhlung vorbereitet	☐ ja	☐ nein
Handout vorbereitet	☐ ja	☐ nein
Getränke usw. notwendig	☐ ja	☐ nein

Visualizer/Beamer/OH-Projektor

Mehrfachsteckdose, Verlängerungskabel	☐ ja	☐ nein
Raumverdunklung möglich	☐ ja	☐ nein
Projektionsfläche vorhanden	☐ ja	☐ nein
Zeigestock/Laserpointer vorhanden	☐ ja	☐ nein
Ersatzlampe/Ersatzgerät vorhanden	☐ ja	☐ nein
Geräte gestestet	☐ ja	☐ nein

Metaplan/Flipchart/Whiteboard

Stifte/Kreide vorhanden	☐ ja	☐ nein
Moderationsmaterial vorhanden	☐ ja	☐ nein
Pinnwände ausreichend vorhanden	☐ ja	☐ nein
Ersatzblock für Flipchart vorhanden	☐ ja	☐ nein
Handschrift geübt	☐ ja	☐ nein
Lappen zum Tafelwischen vorhanden	☐ ja	☐ nein

Platz für Notizen:

Software

Präsentation erstellen

	++	+	o	–	– –
Software ausgewählt	☐ ja			☐ nein	
Software installiert	☐ ja			☐ nein	
Software vertraut	☐	☐	☐	☐	☐
Handout aus Software erstellbar	☐ ja			☐ nein	

Präsentation vorbereiten

Software auf Rechner vorhanden	☐ ja	☐ nein
Software kann installiert werden	☐ ja	☐ nein
Präsentation auf Datenträger vorbereitet	☐ ja	☐ nein
Verbindung mit Beamer getestet	☐ ja	☐ nein

Platz für Notizen:

Bewertung der Präsentation – Profil

Einzelne Aspekte	++	+	0	–	––
Fachlich fundiert	☐	☐	☐	☐	☐
Inhaltliche Schwierigkeit	☐	☐	☐	☐	☐
Sachlogisch gegliedert	☐	☐	☐	☐	☐
Schwerpunkte gebildet	☐	☐	☐	☐	☐
Spannungsbogen erkennbar	☐	☐	☐	☐	☐
Orientierung für das Publikum	☐	☐	☐	☐	☐
Verständliche Sprache	☐	☐	☐	☐	☐
Lebendige Sprache	☐	☐	☐	☐	☐
Frei gesprochen	☐	☐	☐	☐	☐
Bewusste Gestik und Mimik	☐	☐	☐	☐	☐
Offene Körperhaltung	☐	☐	☐	☐	☐
Blickkontakt	☐	☐	☐	☐	☐
Publikum einbezogen	☐	☐	☐	☐	☐
Visualisierung	☐	☐	☐	☐	☐
Kompetenter Medieneinsatz	☐	☐	☐	☐	☐
Teilnehmerunterlagen	☐	☐	☐	☐	☐
Diskussion zielorientiert	☐	☐	☐	☐	☐

Gesamteindruck	++	+	0	–	––
Kompetent	☐	☐	☐	☐	☐
Überzeugend	☐	☐	☐	☐	☐

Platz für Notizen:

Bewertung der Präsentation – Noten

Name   **Thema**

Kriterien			1	2	3	4	5	6	
Inhalt	50 %	Inhalt richtig, vollständig, richtige Gewichtung der Inhalte							Inhalt fasch, unvollständig, keine klare Trennung von wichtig und unwichtig
Struktur		klare Struktur, Darstellung korrekt, für Zuhörer nach-vollziehbar							Struktur nicht erkennbar, verwirrend, nicht nachvoll-ziehbar
Sprache	25 %	verständlich, klar in Wort-wahl und Ausdruck, guter Satzbau							unverständlich, unsicher
Sprech-tempo, -weise		klare deutliche Sprache, variable Intonation, wirksame Pausen							zu leise, zu langsam, zu schnell, zu monoton
Blick-kontakt		Kontakt zu Zuhörern her-gestellt, alle ange-sprochen							nicht vorhanden, liest von der Vorlage ab
Gestik, Mimik, Haltung		positiv, freundlich, wirkt authentisch, offen, ent-spannt							verschlossen, blockt ab, abgewandt, angespannt
Visuali-sierung Medien	15 %	aussagekräftig, ange-messen, übersichtlich, eindrucksvoll							Keine oder kaum Anschau-ung, falsche Darstellung unstrukturiert
Kreati-vität	5 %	tolle Idee, kreative Dar-stellung, gute Ansprache der Zuhörer							phantasielos, langweilig
Team-arbeit	5 %	unterstützt Gruppe aktiv, gute Abstimmung, hohe Teamfähigkeit							Eigenbrödler, ohne Team-bezug, nicht kooperativ

Endnote Präsentation
(Gesamteindruck berücksichtigen!)

Bewertung der schriftlichen Ausarbeitung

Name **Thema**

1. Inhalt/Fachlichkeit

2. Sprache

3. Rechtschreibung

4. Äußere Form

5. Quellen und Zitate

Bewertet durch

Datum Note Ausarbeitung

Note Präsentation

Gesamtnote

Bemerkungen
(Stärken, Schwächen, Empfehlungen, Zielvereinbarungen)

Präsentationsanordnungen

Stuhlkreis

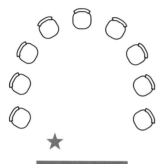

- Für kleine Gruppen geeignet
- Teilnehmer können sich untereinander anschauen
- Teilnehmer haben keine Schreibunterlage
- Diskussionen sehr gut möglich
- Alle Präsentationsmedien zur Visualisierung geeignet
- Direkter Kontakt zum Publikum sehr gut möglich

Fischgrätanordnung

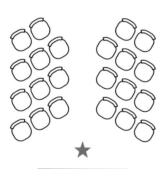

- Für kleine und mittlere Gruppen geeignet
- Teilnehmer können sich eingeschränkt untereinander anschauen
- Teilnehmer haben keine Schreibunterlage
- Diskussionen gut möglich
- Alle Präsentationsmedien zur Visualisierung geeignet
- Direkter Kontakt zum Publikum gut möglich

Kinobestuhlung

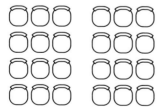

- Für große Gruppen geeignet
- Teilnehmer können sich untereinander nicht anschauen
- Teilnehmer haben keine Schreibunterlage
- Diskussionen schwer möglich
- Visualisierung nur über Projektion sinnvoll
- Direkter Kontakt zum Publikum nur eingeschränkt möglich

Präsentationsanordnungen

Rechteck

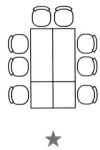

- Für kleine Gruppen geeignet
- Teilnehmer können sich untereinander anschauen
- Teilnehmer haben eine Schreibunterlage
- Diskussionen sehr gut möglich
- Alle Präsentationsmedien zur Visualisierung geeignet
- Direkter Kontakt zum Publikum sehr gut möglich

U-Form

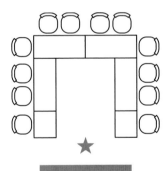

- Für kleine und mittlere Gruppen geeignet
- Teilnehmer können sich untereinander anschauen
- Teilnehmer haben eine Schreibunterlage
- Diskussionen gut möglich
- Alle Präsentationsmedien zur Visualisierung geeignet
- Direkter Kontakt zum Publikum sehr gut möglich

Cluster

- Für Arbeitsgruppen geeignet
- Teilnehmer können sich untereinander anschauen
- Teilnehmer haben eine Schreibunterlage
- Diskussionen in den Kleingruppen sehr gut möglich
- Alle Medien zur Visualisierung geeignet
- Direkter Kontakt zum Publikum gut möglich

Index

Links und Literatur

Internetadressen

Stand: April 2013

Kommunikation und Rhetorik

www.rhetorik.ch
www.schule-der-rhetorik.de
www.schulz-von-thun.de
www.teachsam.de/deutsch/d_rhetorik/rhe0.htm
www.rhetorik.uni-tuebingen.de/was-ist-rhetorik

Gestaltung

de.wikipedia.org/wiki/Papierformat
www.ci-portal.de
www.dasauge.de/ressourcen
www.metacolor.de
www.praesentationserfolg.ch
www.typo-info.de
www.typolexikon.de/g/gestaltungsraster.html
www.typolis.de
www.typo-digital.de/typotut.htm

Bild- und Grafikarchive

www.aboutpixel.de
www.clipartsalbum.com
www.openclipart.org
www.photocase.de
www.pixelquelle.de
www.pixelio.de
www.sxc.hu

Medien

www.metaplan.de
www.smartboard.de

Software

www.microsoftstore.com
www.openoffice.org/de
de.libreoffice.org
www.gimp.org
get.adobe.com/de/reader
freemind.sourceforge.net/wiki

Weitere Links

www.lehrerfortbildung-bw.de/werkstatt
www.lehrerfortbildung-bw.de/kompetenzen

Bücher

Ambrose, Gavin: **Grafikdesign – Grundmuster des kreativen Gestaltens**, Rowolth Verlag 2004, ISBN 3-4996-1243-7

Ang, Tom: **Praxiskurs Digitale Fotografie**, Dorling Kindersley Verlag 2012, ISBN 978-3-8310-2121-5

Böhringer, Joachim; Bühler, Peter; Schlaich, Patrick: **Kompendium der Mediengestaltung**, Springer-Verlag 2011, ISBN 3-642206549

Doelker, Christian: **Ein Bild ist mehr als ein Bild**, Klett-Cotta Verlag 1999, ISBN 3-608-91654-7

Dörr, Dieter; Schwartmann, Rolf: **Medienrecht**, C.F. Müller Verlag 2012, ISBN 978-3-8114-9454-1

Fechner, Frank: **Medienrecht**, Mohr Siebeck Verlag 2012, ISBN 978-3-448-82552-3697-7

Flume, Peter: **Karrierefaktor Rhetorik**, Haufe Verlag 2005, ISBN 3-448-06194-8

Flume, Peter: **Rhetorik – live**, Haufe Verlag 2005, ISBN 3-448-06812-8

Forrsmann, Friedrich; de Jong, Ralf: **Detailtypografie**, Verlag Hermann Schmidt 2002, ISBN 3-87439-568-5

Frank, Hans-Jürgen: **Ideen zeichnen**, Beltz-Verlag 2004, ISBN 3-407-36421-0

Hamann, Sabine: **Logodesign**, mitp-Verlag 2004, ISBN 3-8266-1413-5

Hartmann, Christine: **Kalligraphie: Die Kunst des schönen Schreibens**, Bassermann Verlag 2008, ISBN 3-809423939

Krisztan, Gregor; Nesrin Schlempp Ülker: **Ideen visualisieren**, Verlag Hermann Schmidt 2004, ISBN 3-87439-442-5

Lipp, Ulrich; Willi Hermann: **Das große Workshop-Buch**, Beltz-Verlag 1996, ISBN 3-407-36321-4

Maxbauer, Andreas: **Praxishandbuch Gestaltungsraster**, Verlag Hermann Schmidt 2002, ISBN 3-87439-571-5

Molcho, Samy: **ABC der Körpersprache**, Ariston Verlag 2006, ISBN 3720528413

Molcho, Samy: **Alles über Körpersprache**, Mosaik Verlag 2001, ISBN 442-39047-8

Müller, Frank: **Basis-Bibliothek Unterricht, Selbstständigkeit fördern und fordern**, Beltz-Verlag 2006, ISBN 3-407-25431-3

Pricken, Mario: **Kribbeln im Kopf, Kreativitätstechniken & Brain-Tools für Werbung und Design**, Verlag Hermann Schmidt 2010, ISBN 3-87439-7971

Reynolds, Garr: **ZEN oder die Kunst der Präsentation**, Addison-Wesley 2012, ISBN 3-827331269

Reynolds, Garr: **ZEN oder die Kunst des Präsentationsdesigns**, Addison-Wesley 2010, ISBN 3-827329272

Simon, Walter: **Gabals großer Methodenkoffer Grundlagen der Kommunikation**, Gabal Verlag 2004, ISBN 3-89749-434-5

Watzlawick, Paul; Beavin, Janet; Jackson, Don: **Menschliche Kommunikation**, Hans Huber Verlag 2003, ISBN 3-456-83457-8

Weidemann, Kurt: **Wo der Buchstabe das Wort führt**, Canz-Verlag 1997, ISBN 3-89322-521-8

Wolf, Jürgen: **GIMP 2.8: Das umfassende Handbuch**, Galileo Design 2012, ISBN 978-3836217217

Abbildungen

S6, 1: Autoren
S7, 1: Autoren
S11, 1: www.schulz-von-thun.de
S14, 1, 2: Autoren
S19, 1: Autoren
S20, 1: Autoren
S23, 1a, b, c, d: Springer Verlag
S24, 1a, b, c, d: Springer Verlag
S25, 1a, b, c, d: Springer Verlag
S25, 2a, b, c, d: Springer Verlag
S29, 1: Autoren
S31, 1: Autoren
S34, 1: Autoren
S38, 1: Autoren
S39, 1a, b: Autoren
S43, 1a: Staatsministerium Baden-
Württemberg
S43, 1b: Autoren
S49, 1: Autoren
S53, 1a, b, c: Autoren
S53, 2a, b, c: Autoren
S54, 1a, b, c: Autoren
S55, 1a, b, c, d: Autoren
S55, 2a, b, c, d: Autoren
S55, 3a, b, c, d: Autoren
S55, 4a, b, c, d: Autoren
S56, 1a, b, c, d: Autoren
S56, 2a, b, c, d: Autoren
S57, 1a, b, c, d: Autoren
S58, 1: Autoren
S59, 1a, b: Autoren
S60, 1a, b: Autoren
S61, 1a, b: Autoren
S61, 2a, b: Autoren
S62, 1, 2: Autoren
S63, 1, 2: Autoren
S64, 1: Autoren
S65, 1: Autoren
S68, 1: http://styleguide.bundesregie-
rung.de
S69, 1a, b: Autoren
S69, 2a, b: Autoren
S69, 3a, b: Autoren
S70, 1a, b: Autoren
S71, 1a, b: Autoren
S72, 1a, b: Autoren, www.canyon.com

S74: Autoren
S78: 1a, b: Autoren, www.sxc.hu –
Image-ID: 759532
S79: 1a, b: Autoren, www.sxc.hu –
Image-ID: 1401059
S80: 1 Autoren
S81: 1 Autoren
S82: 1a, b: Autoren, www.sxc.hu –
Image-ID: 1382114
S83, 1: Autoren
S85, 1a, b: Autoren
S85, 2a, b: Autoren
S86, 1: Rainer Sturm – www.pixelio.de
S86, 1: http://commons.wikimedia.org/
wiki/File:Hamburger_Druckschrift_
ab_2011.jpg
S88, 1: Autoren
S89, 1: www.edding.de
S92, 1a, b: Autoren
S93, 1: Autoren
S94, 1a, b: Autoren
S95, 1a, b: Autoren
S95, 2a, b: Autoren
S96, 1a, b, c, d: Autoren
S96, 2a, b: Autoren
S97, 1a, b: Autoren
S98, 1a, b: Autoren
S98, 2a, b: Autoren
S99, 1a, b: Autoren
S100, 1a, b: Autoren
S101, 1a, b: Autoren
S102, 1a, b: Autoren
S104, 1a, b: Autoren
S105, 1: Autoren
S108, 1: Autoren
S109, 1: Autoren
S112, 1: Autoren
S113, 1: Autoren
S114, 1, 2: Autoren
S115, 1a, b, c: Autoren
S115, 2a, b, c: Autoren
S118, 1: Autoren
S119, 1: Autoren
S120, 1a, b, Autoren
S120, 2a, b: Autoren
S121, 1a, b, Autoren

S121, 2a, b: Autoren
S122, 1a, b: Autoren, www.sxc.hu –
Image ID: 1387895 und 1396032
S122, 2a, b: Autoren, www.sxc.hu –
Image ID: 1404701 und 1396235
S123, 1: Autoren, Wikipedia
S123, 2: Autoren, www.sxc.hu – Image
ID: 1386190
S124, 1a, b: Autoren
S125, 1a, b: Autoren, www.sxc.hu –
Image ID: 877661
S126, 1a, b: Autoren, www.sxc.hu –
Image ID: 1392432
S128, 1a, b: Autoren, www.sxc.hu –
Image ID: 1392432
S128, 2a, b: Autoren, www.sxc.hu –
Image ID: 1392432
S129, 1a, b: Autoren, www.sxc.hu –
Image ID: 1392432
S130, 1a, b: Autoren
S132, 1: Apple
S134, 1, 2a, b, c: Autoren
S137, 1, 2: Autoren
S142, 1: Hama
S152, 1: Epson
S155, 1: Logitech
S156, 1: Wolf Vision
S158, 1: Smart
S160, 1: Kindermann
S161, 1: Autoren
S162, 1, 2: Autoren
S162, 3: Staedtler
S163, 1: Autoren
S165, 1, 2, 3: Autoren
S166, 1: www.legamaster.de
S167, 1: Autoren
S168, 1a, b: Autoren
S168, 2a, b: Autoren
S173, 1: Autoren
S173, 2a: Autoren
S173, 2b: www.legamaster.de
S173, 3b: Autoren
S174, 1: www.legamaster.de
S175, 1a, b: www.legamaster.de
S178, 1: www.legamaster.de
S186, 1, 2: Microsoft

S197, 1: Autoren
S199, 1: Autoren
S200, 3a, b: Autoren
S201, 4a, b: Autoren
S203, 1: Autoren
S206, 2a, b, c: Autoren
S208, 1: Autoren
S210, 1: Autoren
S213, 1: Autoren
S219, 1 : Autoren
S221, 1: Autoren
S220, 2a, b: Autoren
S223, 4a, b: Autoren
S228, 1a, b, c: Autoren
S230, 1: Autoren
S239, 1: Autoren
S240, 1a, b: Autoren
S241, 1, 2a, b: Autoren
S242, 1: Autoren
S243, 1: Autoren
S244, 1a, b: Autoren
S245, 1, 2a, b: Autoren
S246, 1: Autoren
S247, 1: Autoren
S248, 1a, b: Autoren
S250, 1: Autoren
S251, 1: Autoren
S252, 1, 2a, b: Autoren
S260, 1: Autoren
S265, 1: Tony Buzan
S269, 1: Autoren
S270, 1: Autoren
S284, 1, 2, 3: Autoren
S285, 1, 2, 3: Autoren

Lizenz zum Wissen.

Sichern Sie sich umfassendes Technikwissen mit Sofortzugriff auf tausende Fachbücher und Fachzeitschriften aus den Bereichen: Automobiltechnik, Maschinenbau, Energie + Umwelt, E-Technik, Informatik + IT und Bauwesen.

Exklusiv für Leser von Springer-Fachbüchern: Testen Sie Springer für Professionals 30 Tage unverbindlich. Nutzen Sie dazu im Bestellverlauf Ihren persönlichen Aktionscode C0005406 auf *www.springerprofessional.de/buchaktion/*

Jetzt 30 Tage testen!

Springer für Professionals.
Digitale Fachbibliothek. Themen-Scout. Knowledge-Manager.

- 🔍 Zugriff auf tausende von Fachbüchern und Fachzeitschriften
- 🙂 Selektion, Komprimierung und Verknüpfung relevanter Themen durch Fachredaktionen
- ✎ Tools zur persönlichen Wissensorganisation und Vernetzung

www.entschieden-intelligenter.de

Springer für Professionals

 Springer